Georg Friedrich Daumer   Kaspar Hauser

G. Fr. Daumer.

Georg Friedrich Daumer

Mitteilungen über
Kaspar Hauser

herausgegeben und eingeleitet von
Peter Tradowsky

Rudolf Geering Verlag
Goetheanum · Dornach

Ungekürzter Nachdruck der 1832 in Nürnberg
erschienenen Erstausgabe.
(Die Orthographie ist an die heute geltenden
Regeln angepaßt worden.)

Einbandgestaltung: Walther Roggenkamp – nach der Steinzeichnung
von Fr. Hanfstengel (Kempten 1830);
dieses Bild war einer «Skizze» der damals bekannten Tatsachen
über Kaspar Hauser beigefügt und machte ihn zuerst in Europa bekannt.
Man sollte freilich auch wissen, daß Kaspar Hauser herzlich darüber
gelacht hat, als er es sah.

Gesamtherstellung Zobrist & Hof AG, CH-4410 Liestal
ISBN 3-7235-0359-4

Inhalt

Zweites Heft

Einleitung

Georg Friedrich Daumer (*5. März 1800 in Nürnberg, † 13. Dezember 1875 in Würzburg) ist wohl der Mensch, der mit Kaspar Hauser am längsten und intensivsten auf der Erde verbunden war. Einen Monat nach dem Erscheinen Kaspar Hausers besuchte Daumer diesen zum ersten Mal auf dem Luginsland. Dieser Besuch kam durch die Vermittlung von Daumers Freund Gottlieb Freiherr von Tucher, dem späteren Vormund Hausers, zustande. Was in ihm vorging, hat Daumer nicht überliefert; er begann aber sofort seinen Unterricht bei dem noch ganz ungebildeten, hilflosen Kaspar Hauser. Er hatte seine Lebensaufgabe gefunden; die Treue zu ihr hat ihn unsterblich gemacht. Daumer begleitete den Erdenweg seines Schülers zunächst anderthalb Jahre, in denen er – vereint mit seiner Mutter und seiner Schwester – in seiner Nürnberger Wohnung für Kaspar Hauser nicht nur Lehrer und Erzieher, sondern im besten Sinne des Wortes auch Pflegevater war. Dies war nur möglich, weil Daumer – von Beruf Gymnasialprofessor – wegen Kränklichkeit vom Schuldienst beurlaubt war. Aus dieser Zeit stammt die hier vorgelegte Schrift «Mitteilungen über Kaspar Hauser», als Buch zuerst im März 1832 in Nürnberg erschienen. Diese Veröffentlichung faßt die Artikel in der Zeitschrift «Inland» zusammen, die Daumer in den Jahren 1829 und 1830 hatte erscheinen lassen. Diese Artikel haben einen unschätzbaren Wert. Sie geben unmittelbar und ursprünglich die Beobachtungen und Erfahrungen wieder, die Daumer an der in der Weltgeschichte einzigartigen Erscheinung Kaspar Hausers machen konnte. Es war eine weise Schicksalsfügung, daß Kaspar Hauser sogleich in die Hand eines Mannes gegeben wurde, der einerseits ein treuer, unvoreingenommener Phänomenologe und andererseits ein für das Geistig-Seelische aufgeschlossener Mensch war. Es muß daran erinnert werden, daß diese Artikel verfaßt wurden, noch *bevor* es überhaupt irgendeine Auseinandersetzung um Kaspar Hauser gab. Sie stehen insofern nicht in dieser Auseinandersetzung darinnen, sie geben die erste umfassende Kunde von Kaspar Hauser, auf die dann je nach Geistes- und Seelenart reagiert worden ist, wobei die schönste Antwort der geheimnisvolle, untergründige Ausspruch «Das Kind von Europa» ist. Daumer ist ein unbedingt zuverlässiger, seriöser Zeuge. «Daß mir, wie von jeher, so auch jetzt, die Wahrheit heilig und daß ich nirgend in dieser Schrift mit Wissen und Willen ein unwahres Wort gesprochen, beteuere ich auf das feierlichste», schrieb er mit vollem Recht am Ende seines Lebens in der Einleitung zu seinem letzten Kaspar Hauser-Werk. In dem öffentlichen Vortrag «Geisteswissenschaft, Evangelium und Menschheitszukunft» in Nürnberg hat Rudolf Steiner am 17. Juni 1908 wohl insbesondere das hier wiederveröffentlichte Werk Daumers im Auge, wenn er sagt: «*Der nicht hoch genug zu schätzende Professor Daumer hat diesen Fall gut beobachtet* an jenem für viele so rätselhaften Menschen, der einmal auf geheimnisvolle Weise in diese Stadt hier hereinversetzt worden ist, und der auf ebenso geheimnisvolle Weise in Ansbach den Tod gefunden hat». (Rudolf Steiner, Die Apokalypse des Johannes. GA 104, 6. Aufl. Dornach 1979). Von diesem ersten Werk Daumers gibt es außer der Originalausgabe, die hier zugrunde gelegt ist, nur noch den Abdruck, den Hermann Pies 1925 in dem Buch «Augenzeugenberichte und Selbstzeugnisse» gegeben hat. Diese Ausgabe ist aber leider schon sehr lange vergriffen. Jede Beschäftigung mit Kaspar Hauser setzt aber im Grunde die Kenntnis dieses Werkes mit der Fülle der ungewöhnlichen Beobachtungen voraus. Diese zu verstehen ist wohl eine Aufgabe, die nur auf dem Boden einer geisteswissenschaftlichen Menschenkunde zu lösen ist. Mit diesem ersten Werk ist aber Daumers Wirken für Kaspar Hauser keineswegs abgeschlossen.

Am 17. Oktober 1829 ereignete sich in Daumers Hause der nie aufgeklärte erste Mordanschlag auf Kaspar Hauser, den dieser körperlich wesentlich leichter als seelisch überstand. Lehrer und Schüler waren von dem Einbruch physischer Gewalt zutiefst betroffen. Kaspar Hauser, ohnehin schon friedfertig und gutmütig, bekam einen tiefen Abscheu vor aller Gewalt, Waffen flößten ihm Furcht und Schrecken ein. Fühlte er schon das Ende voraus, das man ihm bereitete?

Daumers Gesundheitszustand verschlechterte sich durch die Anstrengungen und Aufregungen so, daß er Kaspar Hauser aus seinem Hause weggeben mußte. Auch war man der Meinung, daß er irgendwo anders sicherer untergebracht werden könne. So trennten sich im Januar 1830 die äußeren, durchaus aber nicht die inneren Lebenswege Daumers und Kaspar Hausers. Solange Kaspar Hauser noch in Nürnberg war – zunächst bei dem Magistratsrat Biberbach, dann bei seinem gerichtlich bestellten Vormund Gottlieb Freiherr von Tucher –, war dies durch die freundschaftlichen Beziehungen natürlicherweise gegeben. Aber auch als Kaspar Hauser durch Lord Stanhope im Dezember 1831 aus Nürnberg entfernt und zu dem Schullehrer Meyer nach Ansbach gebracht wurde, riß die Verbindung nicht ab. Briefe gingen hin und her; der zu Kaspar Hausers Konfirmation am 20. Mai 1833 schließt mit den Worten: «... erhalten Sie noch ferner Ihr Wohlwollen Ihrem Sie unverändert liebenden Freund Daumer».

Die letzte persönliche Begegnung zwischen dem 33jährigen Daumer und dem beinahe 21jährigen Kaspar Hauser kam zustande, als dieser das Nationalfest in Nürnberg Ende August 1833 besuchte. Im Gespräch soll Kaspar Hauser den Wunsch geäußert haben, in den Nürnberger Freundeskreis um Daumer zurückzukehren, wenn er erst frei und unabhängig wäre. Aber dem Genius, der zum befreienden Flügelschlag ansetzte, war schon der Tod von Mörderhand bereitet. Daumer war es gegeben, über das Sterben Kaspar Hausers eine Bemerkung zu machen, in der im letzten ausgesprochen ist, was er an ihm erlebte: «Wahrlich, man hat diesem armen Menschen auch von Seiten derer, mit denen er lebte und denen er untergeben war, entsetzlich viel Böses zugefügt; und dennoch sagte er in seiner reinen Güte: ‹Es hat mir niemand etwas getan›. Er starb mit einer Lüge – *aber es war die Lüge eines Engels.*» (Unterstrichen von Daumer. – Daumer, Kaspar Hauser. 1873, S. 246.)

Trotz der einmaligen Bedeutung, die Daumer im Leben Kaspar Hausers hatte, kann man bemerken, daß er seine wesentlichste Aufgabe doch erst nach der Ermordung zu erfüllen hatte, als der Getötete als Betrüger und unfreiwilliger Selbstmörder hingestellt wurde. Daumer wußte natürlich wie kein anderer, aus vielfältiger ursprünglicher Erfahrung, daß die Betrugsansicht – ein Betrug war. Für ihn gab es auch – wie für alle Freunde und Kenner – keinen Zweifel, daß Kaspar Hauser das Opfer eines Mordes war. «Ich glaube nicht nur, ich weiß es ganz gewiß, daß Hauser weder Betrüger noch Selbstmörder gewesen.» Zu seinen schwersten Lebenserfahrungen gehörten die, die er an Lord Stanhope durchmachen mußte, als dieser nach dem Tode Kaspar Hausers «sich überhaupt alle ersinnliche Mühe gab und alle möglichen Mittel anwandte, um den Beweis zu liefern, daß sein ehemaliger Liebling, Pflegesohn und Schützling nichts weiter als ein elender, hergelaufener, verächtlicher Bursche, voll Lug und Trug, List und Verstellung gewesen sei und als Selbstmörder sein nichtswürdiges Dasein schmachvoll geendigt habe.» (Daumer, Kaspar Hauser. 1873, S. 247.) – Lord Stanhope besuchte in diesem Zusammenhang auch Daumer und versuchte diesen «zu einem Zeugnisse wider Hauser zu verleiten». (Ebd. S. 254.) Er konnte natürlich Daumer nicht gewinnen, die Bitte, «die Asche eines Unglücklichen ... nicht mit Schimpf und Schande zu bedecken», schlug er mit den Worten ab: «Es schadet ihm ja nichts mehr.» Damit wurde für Daumer deutlich, daß Lord Stanhope eine «unbegreifliche Metamorphose» durchgemacht hatte, daß er zum schlimmsten Feind Kaspar Hausers geworden war, der rücksichtslos gegen das kämpfte, was von dem Toten ausging. In Zeitungs- und Zeitschriftenartikeln suchte er Kaspar Hauser vor Unwahrheiten und Verleumdungen zu schützen. Auf Grund einer abendlichen Begegnung mit einem Mann, der ihn in einer leeren Gasse auf höchst verdächtige Art ansprach und sich ihm näherte, gewann Daumer den Eindruck, daß man ihm nach dem Leben trachtete. In diesem Falle wurde er durch einen hinzutretenden Bürger gerettet; im übrigen war Daumer schwer beizukommen, weil er sich meist zu Hause aufhielt. (Daumer, Enthüllungen. 1859, S. 174ff.)

Nach Lord Stanhope, der 1835 seine «Materialien zur Geschichte Kaspar Hausers» erscheinen ließ, waren die vier populären Vorlesungen, die Eschricht 1857 unter dem Titel «Unverstand und schlechte Erziehung» herausbrachte, die zweite Gegnerschrift. Daumer sah sich nun zu einer energischen, umfassenden Widerlegung genötigt, die 1859 erschien: «Enthüllungen über Kaspar Hauser», mit dem langen Untertitel: «Mit Hinzufügung neuer Belege und Dokumente und Mitteilung noch ganz unbekannter Tatsachen, namentlich zu dem Zwecke, die Heimat und Herkunft des Findlings zu bestimmen und die vom Grafen Stanhope gespielte Rolle zu beleuchten. Eine wider Eschricht und Stanhope gerichtete historische, psychologische und physiologische Beweisführung.»

Mit diesem zweiten Werk über Kaspar Hauser glaubte Daumer wohl zunächst mit Recht, seine geistige Aufgabe erfüllt zu haben; und er hätte gewiß im Alter nicht noch einmal zur Feder gegriffen, wenn ihn nicht Julius Meyer, der Sohn von Kaspar Hausers Lehrer in Ansbach, durch sein Buch «Authentische Mitteilungen über Kaspar Hauser», 1872, dazu herausgefordert hätte. Meyer wollte damit erreichen, daß über Kaspar Hauser die Akten geschlossen würden in dem Sinne, daß er für die Weltgeschichte als Betrüger und Selbstmörder abgetan wäre. Dagegen standen nicht nur die letzten damals noch lebenden Augenzeugen Daumer und von

Tucher mit aller Entschiedenheit auf, sondern auch die geistige
Wesenheit Kaspar Hausers selbst, die sich in ergreifender Weise
des Dichters Daumer bedient, um sich so auszusprechen, wie dies
im Widmungsgedicht des schon 1873 erscheinenden dritten und
letzten Werkes «Kaspar Hauser. Sein Wesen, seine Unschuld,
seine Erduldungen und sein Ursprung» zum Ausdruck kommt.

Zu Ende geht mein Erdenlauf,
Bald wird die letzte Kraft ermatten;
Da steigt noch einmal vor mir auf,
Du armes Kind, dein blut'ger Schatten.

Dein Geistermund, er haucht mir zu:
«O Du mein Freund zu allen Zeiten,
Mein Kämpfer und mein Schützer Du
In allen noch so harten Streiten!

Ich war – das ist Dir tief bewußt –
Gräu'lhaft zu handeln nie im Stande;
Der Eine traf mich in die Brust,
Die Andern deckten mich mit Schande.

Du strittest hier, Du strittest dort;
Der Sieg der Unschuld war entschieden;
Und ich in meinem dunklen Port
Schlief wiederum in tiefem Frieden.

Doch nimmer ruht der Hölle List,
Der Hölle Grimm auf dieser Erden;
Auf's Neue nach so langer Frist
Soll ich beschimpft, zertreten werden.

Laß Deine Lieb' und Deinen Mut
Mich auch in diesem Kampf erproben;
Nimm mich auch jetzt in Deine Hut!
Nicht fehlen wird die Kraft von oben.»

Du sprichst es und ich bin zur Hand;
Ich und mein Schwert, wir sind die alten,
Und heilig ist der Treue Band;
Wir werden unser Amt verwalten.

«Wer an Einwirkungen Verstorbener auf die Seelen lebender
Menschen glaubt, mag wohl geneigt sein, hier etwas der Art
anzunehmen», schreibt Daumer selbst (S. 103), womit er einmal
mehr zeigt, daß er im 19. Jahrhundert, im Zeitalter des wachsen-
den Materialismus und des Agnostizismus ein spirituelles
Bewußtsein von der menschlichen Wesenheit aufrechtzuerhalten
vermochte. Daumer ist als ringender Geist- und Wahrheitsucher,
der in Erwartung eines kommenden spirituellen Zeitalters lebte,
von Rudolf Steiner einmal als «letzter Rosenkreuzer» bezeichnet
worden (Karl Heyer, Kaspar Hauser und das Schicksal Mitteleuropas im 19. Jahrhundert. Kreßbronn 1958, S. 23). Er ist gewiß
auch ein Vorläufer der Anthroposophie, der das ganze Kaspar
Hauser-Rätsel vor allem in diesem seinem letzten Werk, das in
dieser Reihe auch neu herausgegeben werden soll, in die weitesten
Zusammenhänge gestellt hat. So sieht Daumer in der Kaspar
Hauser-Sache den «Kampf des Glaubens mit dem Unglauben»
(S. 1), wir können auch sagen, den Kampf des Geistes mit dem
Ungeist. Als «letzter Rosenkreuzer» machte Daumer an Materialismus und Agnostizismus die Erfahrung der Satanität, die sich in
Gewalt, Unwahrhaftigkeit und Unmenschlichkeit offenbart, wenn
diese Ansichten über eine rein weltanschauliche Auseinanderset-
zung hinaus in das soziale Leben eingreifen. Es war die gleiche

Erfahrung, die Kaspar Hauser auf dem Sterbebett von der «Laster-welt» sprechen und zu dem bitteren Wort kommen ließ: «Das Ungeheuer war stärker.» An dieser zukunftsträchtigen Erfahrung, die für Daumer etwas Neues in seinem Erdenleben war, erwachte er und stärkte er sich, der bösen Finsternis das Licht des Geistes abtrotzend. So ist durch Daumer Kaspar Hauser der Menschheit für ihre Zukunft erhalten worden.

Berlin, Michaeli 1983   Peter Tradowsky

In der gleichen Reihe, herausgegeben von Peter Tradowsky, sind erschienen:

Heinrich Fuhrmann, Kaspar Hauser.

Anselm von Feuerbach, Kaspar Hauser. Beispiel eines Verbrechens am Seelenleben des Menschen.

Mit Sternchen (*) versehene Hinweise beziehen sich auf diese Ausgaben (Dornach 1983).

Mittheilungen

über

Kaspar Hauser.

Von

Georg Fr. Daumer,

Gymnasialprofessor, Hausers ehemaligem Pflegevater.

~~~~~~~~~

Erstes Heft.

Nürnberg.
Verlegt von Heinrich Haubenstricker.
1832.

Vorrede

Zu einem wissenschaftlichen Werke über *Kaspar Hauser* habe ich von Anfang meiner Bekanntschaft mit ihm die Materialien gesammelt; aber Umstände, die ich schon an andern Orten angedeutet, verhindern die im Sinne gehabte Durcharbeitung. Was ich dem Publikum unter diesen Umständen in mehr vereinzelter und zerstreuter Weise bieten kann, folgt in dem vorliegenden und in den künftigen Heften. Nichts, was ich hier mit Bestimmtheit und ohne Beisatz ausspreche, weiß ich aus unsicherer Erinnerung oder ist aus bloßer Konversation und Sage geschöpft, sondern ich habe es selbst an *Hauser* beobachtet, von ihm gehört, im Umgange mit ihm erforscht und bei noch frischer Erinnerung durch genaue Aufzeichnung bewahrt. *Hauser* lebte in meinem Hause und in meiner Verpflegung vom 18. Juli 1828 bis zum Januar 1830; ich konnte in dieser Zeit, da ich mein Amt nicht verwaltete, fast ununterbrochen um ihn sein, und auch nach dieser Zeit hörte meine Verbindung und mein Umgang mit ihm nicht auf. Nach einer großen Menge von Versuchen, Beobachtungen, Prüfungen, steter Berichtigung und Ergänzung des Früheren durch das Spätere darf ich glauben, diese außerordentliche Erscheinung genau genug zu kennen und vor jeder Art von Täuschung sicher genug zu sein, um einen für das Interesse der Wissenschaft nicht ganz ungeeigneten Berichterstatter abgeben zu können. Will man auch der aus *Hausers* Munde aufgenommenen Beschreibung seiner Empfindungen mißtrauen, so wird man doch damit Berichte von Beobachtungen verbunden finden, die auf keinem Betrug beruhen können. Wenn *Hauser* behauptete, er habe auf einen eingesogenen Duft, bei Einwirkung eines Minerals, lebendigen Wesens und so weiter dies und jenes empfunden, so ist man nicht genötigt, ihm durchweg Glauben beizumessen, auch wenn man ihn nicht überhaupt für einen Betrüger hält. Denn nicht nur konnte er Selbsttäuschungen unterliegen, sondern es konnte auch eine durch die Umstände leicht zu entwickelnde Eitelkeit ihn bestimmen, das Wunderbare seiner Erscheinung durch Zusatz von Erdichtungen zu erhöhen. Wenn er aber bei Einwirkungen jener Art nicht allein häufig in konvulsivische Bewegungen geriet, sondern auch z. B. die Gesichtsfarbe veränderte, am ganzen Leib gelb wurde, wenn plötzlicher Schweiß auf die Stirne trat, die Augen tränten und Entzündungen zeigten, die Adern, die Glieder schwollen, die der Wirkung ausgesetzten Finger der Hand kalt wurden, ein solcher Finger, während die übrige Hand schwitzte, sich trocken, kalt anfühlte, Nasenbluten, Erbrechen, schnelle Abmagerung eintrat und so fort – so kann niemand behaupten wollen, daß es in *Hausers* Macht gestanden, solche Erscheinungen, um seine Umgebungen zu täuschen, durch bloßen Willen hervorzubringen. Betrügerisch dargestellt können doch wohl nur solche Krankheitserscheinungen werden, deren Nachahmung darauf beruht, den Körper und die Glieder in eine gewisse Art äußerer Bewegung oder Bewegungslosigkeit, Richtung und Lage zu bringen, wie Ohnmacht, Starrheit, Lähmung, Steifheit, Zittern, Zucken, Schaudern und dergleichen, nicht aber solche, die, wie die obengenannten, eine von der Willkür nicht hervorzubringende *innere* Veränderung im Organismus notwendig voraussetzen. Es ist zwar auch möglich, zum Behuf eines Betruges, mit Hilfe arzneilicher Substanzen wirkliche Krankheitszustände hervorzubringen, daß aber *Hauser* jahrelang mit größter Konsequenz, plötzlich, so wie es die Umstände erforderten, vor Beobachtern der verschiedensten Art, in jeder Umgebung und jedem Verhältnis dergleichen Zustände künstlich in sich habe erregen können, wäre unsinnig zu glauben. Ich habe an *Hauser* während jahrelangen beständigen Umgangs Erscheinungen wie die obengenannten bei den entsprechenden Gelegenheiten im Hause und im Freien fortwährend beobachtet. Wenn man sich auch nur an diese hält, so wird man die Überzeugung nicht abwehren können, daß man hier einen Menschen von ganz außerordentlicher Beschaffenheit vor sich habe. Wenn nun durch die begleitenden, von andern wahrnehmbaren und keinem Verdacht unterworfenen Erscheinungen *Hausers* Aussagen über seine Zustände und Empfindungen nicht wenig unterstützt werden, so sind sie auch häufig von der Art, daß man sie ohne Voraussetzung der größten wissenschaftlichen Kenntnisse und tiefsten Einsichten in die Natur nicht für erdichtet halten kann. Solche Kenntnisse und Einsichten wird man bei *Hauser* nicht annehmen wollen, also kann man die Aussagen der angegebenen Art auch nicht für bloße Erdichtungen halten. Dies ist mit dem hier unter IV. und X. Angegebenen und sonst der Fall. Endlich habe ich auch nicht wenige meiner Versuche auf eine Weise angestellt, die keinen Zweifel an den Ergebnissen zuläßt. Mehreres von dieser Art findet sich in diesem Hefte unter II. Und so bleibt, wenn man Verdacht und Unglauben auch möglichst weit treiben will, genug übrig, was als ein sicheres Besitztum der Wissenschaft zu betrachten ist. Zu dem Beweis, der aus den beobachteten physischen Erscheinungen geführt werden kann, tritt der psychologische aus *Hausers* hier treulich geschildertem Benehmen in der ersten Zeit und den hier mitgeteilten schriftlichen Darstellungen desselben. Zwar wird auch nach den genauesten Beobachtungen und treuesten Berichterstattungen noch manches Dunkle und Rätselhafte übrig bleiben, aber dessen völlige Auflösung ist von dem Darsteller ebenso wenig zu fordern, als daraus ein Beweis für die Unwahrheit der *Hauser*schen Sache geführt werden kann, da durch eine Menge unzweifelhafter Tatsachen die Wahrhaftigkeit derselben im allgemeinen über alle Anfechtungen erhaben ist.

Auf die vortreffliche *Feuerbach*sche Schrift über *Kaspar Hauser* konnte ich bei Gestaltung dieses Heftes keine Rücksicht nehmen, weil ich sie eben erst empfange, da der Druck des Vorliegenden sich schließt und nur noch diese Bemerkung anzufügen verstattet ist.

Erstes Heft

I. Aus einem zu Anfang des Septembers im Jahr 1828 über Hauser abgestatteten Bericht

Ich wurde mit *Kaspar Hauser* ungefähr drei Wochen vor seinem Eintritt in mein Haus bekannt, da ich ihn in dem Turme, in welchem er sich damals befand, besuchte. Ich fand mehr, als ich erwartet hatte, nahm persönlich Anteil an dem jungen Menschen und besuchte ihn seitdem täglich, in der Absicht, zu seiner Entwicklung etwas beizutragen. Der Andrang der Neugierigen, die ihn in Anspruch nahmen, erlaubte mir oft kaum eine halbe Stunde mit ihm allein zu sein, gleichwohl lernte er in drei Wochen notdürftig Lesen, Zählen, Zahlenreihen aussprechen, Addieren und Subtrahieren, machte Fortschritte im Schönschreiben und erlernte ein einfaches Musikstück auf dem Klaviere. Das Lesen lehrte ich ihm vermittelst großer, auf einzelnen Blättchen zum Behuf des Zusammensetzens für Kinder gedruckter Buchstaben; im Schönschreiben übte er sich selbst nach Mustern, die ich ihm gebracht*). Aber schon in der dritten Woche mußte ich fast ganz aufhören, ihn zu unterrichten, weil nicht lange nach dem Anfang des Unterrichts Schweiß auf *Hausers* Stirne trat und Kopfschmerz sich einstellte. Die Zuckungen, die er fast bei jeder Erregung im Gesichte bekam, wurden stärker; endlich zu eben der Zeit, da er mir zur Verpflegung übergeben wurde, erkrankte er so völlig, daß

---

*) Unter minder beschränkten und zerstreuenden Umständen hätte ich zum Behuf der ersten Bildung einen andern Weg als den des gewöhnlichen Elementarunterrichts eingeschlagen.

er sich kaum mehr aufrecht erhalten konnte*). Schon am zweiten Tag nach seinem Eintritt in mein Haus hoben sich zwar die Obstruktionen, an denen er litt, aber seine Verdauungsorgane zeigten sich seitdem fortwährend geschwächt, und sein Nervensystem war in der größten Zerrüttung. Die konvulsivischen Bewegungen waren von erschreckender Art. Jedes laute Wort, jeder Griff nach dem Klaviere tat seinem Ohre, ein paar Worte, die er las oder schrieb, alles Weiße und Helle, auf welches er hinblickte, seinem Auge weh; er zitterte mit der Hand, wenn sie einen Gegenstand hielt, wie ein Greis**), alles Nachdenken vermehrte seine Krankhaftigkeit, von der er sich erst seit ungefähr acht Tagen zu erholen anfängt. Bei diesem Zustand mußten alle geistigen Beschäftigungen, die er bis dahin getrieben, Lesen, Schreiben, Rechnen, Zeichnen, Klavierspielen und so weiter unterbleiben, und ich setzte einen Teil der Belehrungen nur in Form gelegentlicher Unterhaltung fort. Ich beschäftigte ihn übrigens mit Papp-, Tischler- und Gartenarbeiten, soweit er ihnen gewachsen war***), und mit einigen Spielen, ließ ihn so viel als möglich sich im Freien bewegen und zuweilen ein laues Bad nehmen (auch dies letztere zeigte sich wohltätig). Der Versuch, leichte Übungen auf dem Gymnasial-Turnplatz mit ihm anzustellen, war nicht von befriedigendem Erfolge****), vortrefflich aber bekommt ihm das Reiten, in welchem ihn Herr Stallmeister *von Rumpler* in meinem Beisein unterrichtet. Die konvulsivischen Bewegungen, das Zit-

*) Die in Beziehung auf seine Schwäche und Reizbarkeit ungeheuren Aufregungen und Erschütterungen des Körpers und Gemütes, die beständigen Spannungen und ungewohnten Lagen in der ersten Zeit mußten zu einem solchen Resultate führen.

**) Wahrscheinlich jedoch war dies nur bei metallischen Gegenständen der Fall; denn ich machte später die Bemerkung, daß er zwar nicht z. B. mit einem silbernen, wohl aber mit einem hölzernen Löffel ohne Zittern essen konnte.

***) Die Tischlerarbeiten mußten wegen des dabei vorkommenden, *Hausers* Ohr sehr angreifenden Geräusches bald ausgesetzt werden.

****) Durch einmaliges Anhängen an den Barren bekam er Blasen an den Händen.

tern und die Folgen der Überreizung überhaupt fangen an zu verschwinden. Er genießt jetzt außer schwarzem Brot und Wasser, was früher sein einziger Genuß war, eine mit Mehl gekochte Wassersuppe mit großem Appetit, auch ungewürzte Schokolade; weißes Brot und Milchspeisen fangen an ihm zu behagen, und er empfindet hievon bei seiner immer noch geschwächten Verdauungskraft, welche schwarzes Brot nicht mehr so leicht als früher verarbeitet, große Erleichterung*). Sein Aussehen verbessert sich auffallend, und er wächst mit ungewöhnlicher Schnelligkeit; er ist in den letzten vier Wochen fast um zwei Zoll größer geworden. Seine Öffnung ist seit einiger Zeit wieder so leicht, wie sie niemals, seitdem er sich zu Nürnberg befindet, sondern nur während seiner Einsperrung war. Der obrigkeitlich für ihn bestimmte Arzt, Herr Dr. *Osterhausen,* wurde zwar zu Rate gezogen; positives ärztliches Einschreiten aber würde, nach dem eigenen Urteil desselben, nur Zerstörung, nicht Hilfe gewesen sein, und man mußte es bei negativen Verhaltungsmaßregeln bewenden lassen**).

Zur Bezeichnung seiner physischen Beschaffenheit überhaupt bemerke ich folgendes. Er ist, solange ich ihn kenne, hauptsächlich aber gegenwärtig, von gutem Aussehen und gesunder Gesichtsfarbe, aber sein Körper ist in Hinsicht auf Leistungen und äußere Einflüsse von kaum glaublicher Empfindlichkeit, Schwäche und Reizbarkeit. Eine gelinde Berührung mit der Hand macht die Wirkung eines Schlages auf ihn; wenn er einige Zeit lang gegen den Wind geht, wird er heiser; vom kleinsten Spaziergange wurde er früher bis zum Hinsinken müde, seit kurzem jedoch kann er

---

*) Über die sehr merkwürdige Gewöhnung an animalische Kost, die ich mit *Hauser* vornahm und die seinen Zustand gänzlich veränderte, werde ich künftig ausführlich sprechen.

**) Welche Wirkungen der bloße Geruch von Arzneien auf *Hauser* machte, davon habe ich unten unter III. ein paar Beispiele angeführt.

stundenlang gehen, ohne sich gänzlich erschöpft zu fühlen. Er stand und ging früher mit eingekehrten Füßen und war in beständiger Gefahr, das Gleichgewicht zu verlieren; er konnte nicht den kleinsten Sprung machen, ohne umzufallen; jetzt ist sein Gang wenig mehr von dem der andern Menschen unterschieden. Seine Hände und Fußsohlen waren früher so weich, schwielenlos und verwundbar, daß man deutlich die Ungewohnheit des Gehens und Arbeitens ersehen konnte. Ich fand, als er mir übergeben worden war, an seinen Füßen noch bedeutende Spuren der vielen durch das ungewohnte Gehen erhaltenen Blasen und wunden Stellen*). Bei Erregungen der Sinne, bei Kraftanstrengungen, Aufmerksamkeit und Nachdenken ist das Gesicht, vorzüglich der Mund nach der linken Seite zu, und der linke Arm konvulsivisch bewegt**). Von Fleischspeisen bekommt er fieberhafte Zufälle, Pflanzensäure macht empfindlichen Reiz, das Süße ist ihm widerlich, alles Gewürzhafte und Geistige bringt Erscheinungen schreckhafter Art hervor***). Alle seine Sinne sind von ungeheurer Schärfe und Feinheit. Er riecht z. B. Dinge, die für gewöhnliche Organe ganz geruchlos sind, in beträchtlicher Entfernung, schmeckt einen Tropfen Fleischbrühe, der unter seine Wassersuppe gekommen, und unterscheidet in einer Entfernung von ungefähr hundert

*) In seinem Käfig war er, seiner Aussage nach, nie aufgestanden und hatte es nicht vermocht, denn er war rückwärts am Boden angebunden, so daß er nur eben aufsitzen und sich zu dem gleich an einer Seite befindlichen Nachttopf hinbewegen konnte (vergl. unten V.).

**) Die linke Seite des Körpers zeigte sich immer als die bei weitem schwächere und reizbarere.

***) Nur die Gewürze, die er in seinem Käfig täglich mit dem Brote genossen hatte, Kümmel, Koriander, Anis und Fenchel, vertrug er nicht nur (selbst den so starken Fenchelzucker, wie man ihn in den Apotheken führt), sondern ihre Entbehrung fiel ihm auch äußerst schwer. Als er in Nürnberg jene Art stark gewürzten Brotes zum erstenmal zu Gesichte bekam und genoß, weinte er vor Freude. Kümmeltee und Quantitäten bloßen Kümmels dienen ihm als palliative Heilmittel.

Schritten die einzelnen Beeren der Trauben eines Holunderbaumes; in mehr als der Hälfte dieser Entfernung erkennt er den Unterschied einer Holunderbeere von einer Schwarzbeere. Sein an die Finsternis gewöhntes Auge sieht in einer Dunkelheit, in welcher ein gewöhnliches Auge weder Farbe noch Umriß erkennt, noch ziemlich gut. Er unterscheidet in einer für andere gänzlichen Finsternis*) noch Dunkelbraun und Dunkelrot, Dunkelgrün und Schwarz und dergleichen und braucht in der Nacht kein Licht, um sich im Hause überall zurechtzufinden und mit Sicherheit umherzugehen; ja er sieht in der Dämmerung besser als bei hellem Tage, da ihn das Tageslicht blendet**). Am merkwürdigsten sind die bei ihm vorkommenden Erscheinungen, die in das Gebiet des animalischen Magnetismus und des Hellsehens hinüberstreifen. In der Nacht, in welcher sich seine Krankheit brach, hatte er einen Traum, in welchem sich der Übergang zur Genesung in einem freundlichen Bilde darstellte***). Wenn von hinten sich jemand auch ungesehen oder ungehört ihm nähert, so weiß er es vermöge einer ganz eigentümlichen Empfindung, welche ihm die Nähe lebendiger Wesen erregt. Wenn man die Hand gegen ihn richtet, so fühlt er eine Strömung von ihr ausgehen, die er mit dem

---

*) Es gibt keine absolute Finsternis, denn selbst im tiefsten Dunkel hören die Körper nicht auf zu leuchten, welches sehr schwache Licht zwar nicht unser Auge im gewöhnlichen Zustande, aber doch das des Albinos, der Raubtiere, der Nachtvögel sammelt, und ein heftiger Schreck vermag zuweilen unsere Augen schnell in Lichtsammler zu verwandeln, so daß sie alle Gegenstände erleuchtet sehen und selbst die kleinsten unterscheiden. Hieraus kann Herr *Merker,* der es lächerlich findet, daß *Hauser* in tiefem Dunkel noch Farben gesehen haben soll, weil Farben erst durch Einwirkung des Lichtes dargestellt würden, das Gewicht seines Einwurfes erkennen. Von jener Fähigkeit *Hausers* habe ich mich durch Beobachtungen und Versuche überzeugt, bei denen derselbe keinen Betrug spielen konnte.

**) Auch bei hellem Tage jedoch erkannte er z. B., da wir ihm Blumen zerlegten, Bildungen in ihnen, welche anderen mit bloßem Auge unerkennbar sind.

***) Es ist über *Hausers* wunderbare Träume manches Falsche berichtet worden. Das Wahre hierüber werde ich in der Folge umständlich mitteilen.

Ausdruck «Anblasen» belegt; beim Anfassen einer Hand befällt ihn, mit wenigen Ausnahmen (bei alternden Personen), ein kalter Schauder. Die meiste Empfänglichkeit für solche Eindrücke zeigt er (aus unbekannten Ursachen) in Beziehung auf mich. Er empfindet es, rückwärts gekehrt, wenn ich in einer Entfernung von hundertfünfundzwanzig Schritten die Hand gegen ihn ausstrecke. Eine ähnliche Empfindlichkeit äußert er gegen Metalle; er fühlt und unterscheidet durch die Stärke des Zuges Metalle, die man, ohne daß er es gesehen oder weiß, unter Papier verborgen hat. Diese Erscheinungen vermindern sich jedoch, sowie er jetzt kräftiger und gesunder wird.

Zur Schilderung seiner geistigen Eigentümlichkeit, wie sie sich bis jetzt gezeigt hat, mögen folgende Züge dienen. Er ist von der größten Gutmütigkeit und Weichherzigkeit. Allen Menschen aber mißtrauet er mehr oder weniger, was eine begreifliche Folge seiner bisherigen Erfahrungen ist. Sein Urteil ist scharf und treffend, seine Beobachtung außerordentlich fein. Autoritäten gelten nichts bei ihm; er vertraut nur eigener Anschauung, Erfahrung und Einsicht. Sein Verstand erkennt in seinen Anforderungen keine Grenzen an und will absolut befriedigt sein*), sein moralisches Gefühl äußert sich rigoristisch; in Hinsicht der äußeren Ordnung und Reinheit ist er pedantisch. Seine Beharrlichkeit in Dingen, zu denen er sich selbst bestimmt hat, geht oft in Eigensinn über. Als seine hervorstechenden Talente zeigen sich die technischen und künstlerischen. In Hinsicht seines mündlichen Ausdruckes ist er so weit, daß man sich mit ihm über alles, was in dem nun

*) Religiöse Vorstellungen waren ihm daher lange Zeit gar nicht beizubringen, und er beklagte sich gewaltig über Geistliche, die dies zu tun versucht hatten, als über unverständige Menschen, die ihm absurde Dinge vorgesprochen. – Durch Lernen schien ihm nichts unerreichbar. Als er von Beschränktheit menschlichen Vermögens in Beziehung auf Gott hörte, der alles vermöge, sagte er, die Menschen sollten eben auch so viel lernen, daß sie Gott würden und vermöchten, was er.

verhältnismäßig schon sehr weiten Kreise seiner Vorstellungen und seiner Fassungskraft liegt, ohne große Schwierigkeit verständigen kann.

Die zwei größten Veränderungen, die mit seiner Sinnesweise und Ansicht der Dinge vorgingen, waren nach seiner eigenen Angabe folgende. Die erste trat ein, als ich ihm ein Buchstabenkästchen zum Lesen gebracht und angefangen hatte, ihn die Buchstaben kennen zu lehren. Von der Zeit an, sagt er, sei es mit dem Spielen aus gewesen; die Spielpferde, bis dahin seine größte Freude, wurden zurückgestellt, und er war von nun an nur aufs Lernen bedacht. Die zweite große Veränderung brachte die Wahrnehmung des Keimens und Wachsens in ihm hervor. Er glaubte nämlich früher, daß Bäume, Blätter, Blumen, Früchte von Menschenhand gemacht und geformt wären, und da ich mich bemühte, ihm eine Vorstellung vom Wachstum der Vegetabilien zu geben, verhielt er sich ganz ungläubig dagegen. Ich ließ ihn daher (August 1828) einige Samenkörner von verschiedener Art in Blumentöpfe stecken und verkündigte ihm, was geschehen würde. Er wolle mir alles glauben, sagte er, wenn sich das bestätige. Und als nun die Körner wirklich aufgingen, geriet er in nicht zu beschreibende Freude und Verwunderung und sieht seit dieser Zeit die Natur mit ganz andern Augen an*).

*) Jene Blumentöpfe, in welchen sich das Wunderbare ereignet hatte, zeigte er jedem, der zu ihm kam, als etwas Außerordentliches. So auch einmal einem Frauenzimmer. Als dieses in dem Tone, in welchem man Kindern eingelehrte Redensarten abfragt, zu ihm sagte: Sage doch, Kaspar, wer hat denn das wachsen lassen? erwiderte er ganz unwillig über die ihm einfältig vorkommende Frage: Es ist von selber gewachsen. Aber, fuhr jene fort, es muß doch jemand sein, der es hat wachsen lassen. *Hauser* würdigte die Fragerin keiner Antwort mehr.

II. Eigentümliche Empfindung für Mineralisches und Animalisches

Ich teile hier vorerst einige Fälle mit, welche Verdacht und Unglauben niederzuschlagen vorzüglich geeignet sind.

Hausers Empfindlichkeit gegen Berührungen war so groß, daß er, wenn man ihn z. B. mit der Hand gelinde an die Schulter rührte, zuckte und auch wohl sagte, man möge ihn nicht schlagen, indem er unter schlagen eben jene Berührung verstand. Auf die Bemerkung eines Freundes (Herrn Prof. *Hermanns* aus München), diese Empfindlichkeit möchte von tieferer Natur sein und *Hauser* sich in einer Art von magnetischem Zustande befinden, trat ich, während dieser im Gespräch mit anderen begriffen war, leise hinter ihn und fuhr in einiger Entfernung von ihm mit der Hand gegen seinen Rücken herab. Er drehte sich mit dem Ausdruck des Erschreckens um und fragte, was ich mache, warum ich ihm den Rücken gestrichen habe, und wollte es nicht glauben, als ich sagte, ich hätte ihn nicht berührt. Er sagte mir später, zuerst, als ich an den Kopfhaaren zu streichen begonnen, habe er geglaubt, es gehe vom Fenster ein Wind herein, wie ich aber weiter herabgefahren, sei ihm ein kalter Schauder gekommen und er habe gemerkt, daß jemand hinter ihm sei und dies verursache. Als mein Freund vorn in einiger Entfernung mit den Händen gegen ihn herabstrich, behauptete er, er blase ihn an, ein kühler Wind gehe an ihn hin, die Stirn wurde heiß, die Hände kalt, er bekam Drücken in der Herzgrube, wie wenn, nach seinem Ausdrucke, ein Brocken oder Stein sie belästigte; als Aufstoßen*) erfolgte, war diese Empfindung vorüber.

---

*) Ein ganz gewöhnliches Erleichterungsmittel seiner Natur, was am öftesten nach Gerüchen bemerkt wurde, die ihn krankhaft erregt hatten.

Von mir und Herrn Prof. *Hermann* fühlte er die magnetische Einwirkung am stärksten, doch war das, was er von letzterem empfand, bei weitem schwächer als das, was von mir.

Ich trat einst mit jenem in sein Zimmer, als er, mit dem Rücken gegen die Türe gekehrt, bei einer Arbeit sehr aufmerksam beschäftigt war. Da er in solchem Falle, in welchem er außer dem Gegenstande seiner Aufmerksamkeit nichts hörte noch sah, auch die magnetische Wirkung schwächer fühlte, so versuchte mein Freund, ob er es merke, wenn er in Entfernung den Finger gegen ihn hinhalte. Er tat dies eine Zeitlang, ohne daß *Hauser* zu erkennen gab, daß er etwas verspüre; kaum aber hatte *ich* (schweigend, wie sich versteht) den Finger gegen ihn gerichtet, so schrak er zusammen und sah sich ganz verstört nach der Ursache dieser Einwirkung um.

Auf einem Spaziergange machte ich einst im Beisein Herrn Prof. *Wurms* zu Nürnberg folgenden Versuch. Ich ließ ihn in ziemlicher Entfernung vor mir hergehen und sagte ihm, ich wolle gegen ihn mit der Hand herabfahren und er solle sagen, wann er etwas empfinde. Ich fragte ihn zweimal, ob er nichts spüre, so daß es schien, als mache ich hinter ihm die Bewegung, die ich unterließ, worauf er verneinend antwortete. Als ich aber wirklich, und zwar sehr schnell, mit der Hand herabfuhr, sah man in diesem Augenblick die Äußerung des Frostschauders an ihm, worauf er sich umdrehte und sagte, nun sei ich mit der Hand herabgefahren. Bei andern Versuchen dieser Art, die ich im Freien anstellte, ohne daß *Hauser* etwas von dem wußte, noch wissen konnte, was ich hinter seinem Rücken vorhatte und tat, da ich unbemerkt weit hinter ihm zurückgeblieben war, waren Herr Professor *Hermann* und Herr Baron *von Tucher* Zeugen. Ich könnte noch mehr solche Fälle und noch mehr Namen anführen, doch, denke ich, werden schon jene nebst den unten folgenden, *Hausers* Metallfühlen betreffend, hinreichen, um jeden Verdacht, den Zweifelsüchtige auf ihn oder auf mein, des einzelnen, Zeugnis werfen können, zum Schweigen zu bringen.

Animalisch Lebendiges (um *Hausers* Ausdruck beizubehalten) blies ihn an, von Mineralischem pflegte eine Anziehung von verschiedener Stärke gefühlt zu werden. Bei Fassung und Berührung eines, wenn auch für die Empfindung anderer nicht kalten[*]) Metalls, Glases und so weiter fühlte er zugleich eine durch die Hand den Arm hinauf gehende Erkältung, deren Schnelligkeit bei verschiedenen Mineralien verschieden war. Wenn ihm der Arm durch Anfassen oder Annäherung von Metall oder Edelsteinen kalt wurde, so schwollen sichtlich und auffallend die Adern der Hand auf, die der Wirkung ausgesetzt gewesen. Ich legte in seiner Abwesenheit einen goldenen Ring, einen Zirkel von Stahl und Messing und eine silberne Reißfeder unter Papier, so daß man nicht sehen konnte, daß etwas darunter verborgen war. Ich ließ ihn über dieses Papier mit dem Finger herfahren, so daß das Papier nicht berührt wurde, und er unterschied durch die verschiedene Stärke des Zuges, den jene Metalle gegen seinen Finger ausübten, sie alle. Wenn er mit seinem Finger über den Zirkel und die Reißfeder, die unter dem Papier lagen, hinfuhr, fühlte er den Zug senkrecht herab, wenn er oben oder unten über die Enden hinausfuhr, schief zu jenen Instrumenten hin. Zufällig lag einst ein Blatt Papier auf dem Tisch, unter welches nichts verborgen worden war. Ich sagte im Beisein Herrn Dr. *Osterhausens* und Herrn Kronanwalts *Brunner* aus München zu *Hauser,* der ins Zimmer trat, er möge versuchen, ob kein Metall darunter liege. Er fuhr mit dem Finger darüber hin und sagte an einer bestimmten Stelle, da

---

[*]) Lebendiges fühlte er um so kälter, je wärmer es war, z. B. wenn jemand durch Bewegung erhitzt war. Tauchte ich meinen Finger in kaltes Wasser, so fühlte er bei Berührung desselben keine oder viel geringere innere Kälte als außer dem.

ziehe es. Diesmal hast du dich getäuscht, sagte ich, betroffen über den mir früher nie vorgekommenen Fall, und hob das Papier auf. *Hauser* fühlte wieder an die Stelle hin, wo er den Zug gefühlt, und behauptete, nachdem das Papier hinweggenommen war, es ziehe noch immer. Wir vermuteten nun, daß unter der Wachsdecke des Tisches etwas verborgen sei, wiewohl wir nicht sogleich durch Betasten der Stelle etwas entdecken konnten, doch kam nach genauerer Nachforschung an der von *Hauser* bezeichneten Stelle eine Nadel zum Vorschein, die also *Hauser* durch die Wachsdecke und das Papier hindurch gespürt hatte. Jemand legte ihm, um ihn zu prüfen, ein ausländisches Goldstück, von der ungefähren Größe und Dicke eines Kreuzers, ohne daß er es ansehen konnte, in die Hand. Er ließ sich nicht täuschen, sondern sagte, der Empfindung nach, die es ihm verursache, müsse es Gold sein. Zu Anfang Dezembers, als er schon für Gold, welches sonst stark gewirkt hatte, keine Empfindung mehr hatte, setzte ihm Herr Dr. *Preu* zu Nürnberg, in meinem Beisein, ein verschlossenes, mit Papier umwickeltes kleines Glas, welches halb mit Quecksilber gefüllt war, in die Hand, ohne daß er wußte, was es war. Brennender Schmerz und Anziehen wurde auf dem Fleck der Hand verspürt, auf welchen es ausgesetzt worden, ein starker Kälteschauder ging durch den ganzen Leib, worauf ihm bald heiß wurde und Schweiß auf die Stirne trat, welcher letztere wenigstens kein Betrug sein konnte. Er befand sich einmal einen Schritt weit von einem Pulte, in welchem ein Päckchen mit verschiedenen Edelsteinen gefüllt befindlich war. So wie es geöffnet wurde, sah er mit verstörten Blicken nach ihm hin und sagte, hierin sei etwas, was ihn ziehe. Als ich einen mit Papier umwickelten Diamant gegen ihn hielt und ihn um die Wirkung dessen befragte, was darin sei, sagte er, was in dem Papier sei, wirke wie der Diamant eines ihm gehörigen Ringes.

III. Empfindlicher Geruch

Aus der großen Menge von Beispielen eines unerhört empfindlichen Geruchs, die mir meine Beobachtungen darboten, will ich einstweilen nur folgende anführen.

Als er einst (August 1828) in meinem Hause in ein Zimmer trat, in welchem ein paar Tropfen der tinctur. nervin. Bestuscheff. eingenommen worden waren, ergriff ihn der im Zimmer verbreitete Duft so, daß sich sogleich konvulsivische Bewegungen zeigten. Die Empfindung stieg, seiner Aussage nach, in den Kopf und verursachte Augenschmerz, dann zog sie sich auf beiden Seiten des Kopfes die Wangen herab durch den Hals in zwei Linien, die sich im Magen vereinigten. Im Vereinigungspunkt entstand Drücken, es erfolgte das gewöhnliche Laufen (siehe in der Folge), dann zweimaliges Aufstoßen mit heraufkommendem Wasser, dies alles dauerte eine starke Viertelstunde lang. Es blieb Kopf- und Augenschmerz. Ich führte ihn nun auf seinen Wunsch ein wenig spazieren; auf dem Wege kam Frost, und etwa nach einer halben Stunde zeigte sich mehrmaliges Aufstoßen, auf den Frost folgte Hitze, und der Schweiß trat auf die Stirne, womit sich die Reihe der Erscheinungen, wie öfters, schloß. Das mit Kork verschlossene Gläschen jener Arznei roch er drei Schritte weit.

Als ich ihm einmal (Herbst 1828) von ferne den Johanniskirchhof bei Nürnberg zeigte, bat er mich, ihn den Ort in der Nähe besehen zu lassen, wo die gestorbenen Menschen in ihren unterirdischen Kammern schliefen; denn unter der Vorstellung eines langen Schlafes war ihm der Begriff des Todes genähert worden. Einen widrigen Eindruck fürchtend, sagte ich ihm, ich wolle ihn zwar näher führen, er solle es mir aber sagen, sobald er irgend etwas Widriges zu empfinden anfangen würde. Ungefähr sechs Schritte weit vom Eingang ward er von der Ausdünstung der Gräber (obwohl es ein kühler, heller Herbstmorgen war) stark ergriffen. Er hatte sie weit früher empfunden, allein da er seine ganze Aufmerksamkeit auf die Steinbilder am Kirchhof gerichtet hatte und begierig war, sie zu besehen, hatte er unterlassen, es mir anzuzeigen. Er bekam starken Frost und machte die Gebärden heftigen Schauderns. Nach einiger Zeit kam Aufstoßen, bald darauf fing Wärme vom Unterleib an sich langsam nach oben zu verbreiten. Vom Hals an stieg sie schnell in den Kopf, es erschien Schweiß auf der Stirne, und es erfolgte so starke Hitze, daß sein Hemd vom Schweiß ganz durchnäßt wurde und selbst der Hosenträger an demselben sich abfärbte. Solche Hitze, sagte er, habe er noch nie empfunden. In der Nähe des Tores ward ihm wieder wohl. Doch klagte er, daß seine Augen durch jene Einwirkung dunkler geworden seien. Alles Wahrnehmbare dieser Begebenheit habe ich aufmerksam beobachtet. Andere ungenaue oder ganz verdrehte Nachrichten hierüber, wie die des Herrn *von Pirch**), sind also nach dieser zu berichtigen.

Hier kann auch eine andere Angabe ihre Berichtigung finden. Wasser mit Opium gemischt hat *Hauser* zu Nürnberg nie getrunken, sondern der Versuch wurde gemacht, indem man ihn von ferne Opium riechen ließ, wie ich von Herrn Dr. *Preu* und von *Hauser* selbst sogleich nach angestelltem Versuch erkundet habe. *Hauser* erklärte den Geruch des Opiums für den, welchen sein Wasser im Gefängnis gehabt, «wenn es schlecht war», fiel auch auf das bloße Riechen in einen langen Schlaf, worauf *großer, schwer zu stillender Durst* folgte. Daß er im Gefängnis öfters nicht genug Wasser hatte, wie er angibt, erklärt sich hieraus. Sein Trinkgefäß wurde ihm wohl täglich auf gleiche Weise gefüllt, hatte er aber Opium bekommen, so reichte nach dem Erwachen aus dem durch dasselbe bewirkten Schlaf für den nun krankhaft erhöhten Durst

---

*) In dieser werden zwei sich ganz fremde Vorfälle aufs wunderlichste zusammengeworfen.

die gewöhnliche Wasserportion nicht hin*). Auch glaubte sich *Hauser* zu entsinnen, daß es ihm an Wasser gemangelt habe, wenn er zuvor *schlechtes* bekommen. Dann sei es wieder gut gewesen und habe ihm vorzüglich geschmeckt, aber für seinen Durst nicht hingereicht. Daß aber bei Anstellung jenes Versuchs schon der *Geruch* des Mittels, wie früher im Käfig der *Genuß*, Schlaf und Durst bewirkte, darf nicht befremden. Denn erstlich hatte der Genuß jene Erscheinungen wohl in noch höherem Grade erregt, zweitens mußte bei *Hauser*, nachdem er lange Zeit hindurch kein Opium mehr bekommen hatte, die Empfindlichkeit gegen dasselbe erhöht sein**).

IV. Eindruck, den Gewitter machten

In den ersten Zeiten war *Hauser* während eines Gewitters in höchst schmerzhaftem Zustande. Noch im Mai 1829 bemerkte ich während eines Gewitters Zuckungen in *Hausers* Gesicht und Gliedern (eine damals nicht mehr gewöhnliche Erscheinung). Er bekam innern Frost, mit öfterm Schütteln und Schaudern. Während des Donners, sagte er, sei es ihm, als sei alles in seinem Leibe locker und bewege sich, und er fühle von oben den Kopf herab

---

*) Vergl. unten unter V. *Hausers* eigene Beschreibung.

**) Als *Hauser* im September 1828 die Art starkgewürzten Brotes, die er täglich im Käfig genossen hatte, zu Nürnberg wieder erhielt, konnte er es anfangs nicht ohne starke und nachteilige Erregungen genießen (siehe unten). Ich weiß zwei Personen, die, nachdem sie sich homöopathischer Behandlung wegen vom Genuß des Kaffees entwöhnt und eine Zeitlang desselben gänzlich enthalten hatten, so empfindlich gegen die Wirkungen desselben wurden, daß ihnen selbst sein Duft unleidlich wurde. Die eine Person, sonst ein starker Kaffeetrinker, konnte den Trank nicht mehr riechen, die andere, eine weibliche, fühlte die Unleidlichkeit beim (noch gewohnten) Kaffeebrennen.

einen Druck. Auf der linken Seite*) war der Frost stärker. Er mußte die Augen unwillkürlich zudrücken und zitterte. Der Frost dauerte, bis das Gewitter vorüber war. Mitten auf der Brust fühlte er einen ganz kalten Fleck, und es war ihm, als wäre dieser Fleck ganz locker. Der Druck war stärker, je nachdem der Donner stärker war. Beim Blitzen fühlte er Schmerz in den Augen «wie von Nadelstichen». Ungefähr eine halbe Stunde nachher kam Nasenbluten, darauf war ihm sehr leicht im Kopfe. Ob ein Gewitter kurz oder lange dauern würde, konnte er aus seinem Gefühl abnehmen. Wenn es kurz dauerte, war die Kälte an Händen und Füßen mehr der Temperatur des übrigen Körpers gleich, wenn es aber lang dauerte, waren Finger und Zehen sehr kalt und viel kälter als die andern Teile des Leibes. Zu Ende des Juli 1829 machten Gewitter keinen Eindruck mehr auf ihn. Der Mordversuch regte auch diese Empfindlichkeit wieder auf. Im Sommer 1830 fühlte er vor Gewittern an der Stelle der geheilten Schußwunde, die er sich einmal zufällig beigebracht, ein Brennen. Ich füge diesen Bemerkungen einiges aus *Hausers* Feder hinzu, und zwar so fehlerhaft, als er es niederschrieb:

I.

«In vorigen Jahr 1828 als ich das erste Gewitter gehört habe beschreibe ich was für besondere eindrücke und würckungen gemacht hat, ein halbe Stund vor dem Gewitter bekam ich ein starken Frost, so, daß ich nicht mehr auf der Klaßharmonika spielen konnte ich mußte mich niederlegen und deckte mich zu aber ich konnte mich doch nicht erwärmen, der Frost, dauerte vielleicht ein viertl Stund, nachdem bekam ich starcke hütze und schmerzen im ganzen Leib besonders in Kopf. Ich stund auf gieng

---

*) Die ich bei allen Gelegenheiten als die schwächere und krankhaftere fand. Vergl. I.

zu den Pferden hin, und dachte warum sie mich nicht nach Hauß führen, und mich immer so blagen*) auf einmal fängt es zu donnern an, ich bin sehr erschrocken weil ich ein Schmerzhaften Druckt empfunden habe, ich fieng zu weinen an, setzte mich ganz in den Winkel hin hielt mich ganz ruhig. Dann kam die Mutter**) fragte mich warum ich weine, ich sagte: Mutter mi Ham wei-ßen***), dan sagte sie jetzt derfen wir nicht hinaus gehen da ist ein großer Man außen der Zank ist bös, ich deutet zum Fenster hinaus und sagte was däs ist, wenn du nicht brav bist dan zankt er, ich gab zur antwort ih scho brav. Sie wollte fortgehen ich ließ sie nicht fort ich sagte Mutter da bleiben, dann sagte sie mit dir ist er nicht böss nur mit solchen Kindern die immer auf der Gasse sind. Wenn es donnert hat bückte ich mich immer, dan sagte sie, Kaspar fürchte dich nicht, ich bleib schon bey dir, ich gab Ihr zur antwort: «dieser Mann soll mit den andern auch aufhören zum zanken ih scho July sagen****) das er brav sein soll, wenn es donert hat gabs mir ein Schmerzhaften Druckt auf den Kopf als hätte mir jemand auf den Kopf geschlagen mit einer Hand nach-dem gabs mir auch ein kleinen Schütter, als hätte mich sehr stark gefroren das Gewitter Dauerte beinahe eine Stund, als es vorbey war, stund es etliche Minuten an bekam ich ein kleine Hütze diese dauerte eine Zeitlang dann gabs mir ein schütter dann waren die Schmerzen in den Leib weg aber Kopfschmerzen hatte ich stärker bekommen, der dauert ein lange Zeit nach dem Gewitter eh ich

*) Er hielt allen Schmerz, den er empfand, für ein von Menschen zugefügtes Übel; oder vielmehr die Menschenwelt, in der er jetzt lebte, erschien ihm insgesamt als ein ihn anfeindendes, übeltätiges Wesen, dem er zu entrinnen sich sehnte.

**) Die Frau des Gefängniswärters, die er damals Mutter nannte.

***) Damals sagte er mir, habe er den Sinn dieser Worte, die ihm der Gefängnis-wärter erklärt hatte, verstanden und habe auch wirklich dadurch den Wunsch in seinen Käfig zurückzukehren ausdrücken gewollt. (Vergl. VII.)

****) Das heißt: «Ich will es schon dem Julius sagen.» Er meinte einen Sohn des Gefängniswärters. Über die Satzbildung mit dem Infinitiv siehe unten VII.

den Kopfschmerzen verlor gabs mir wieder ein solchen schüttler, dan sagte ich wie das Gewitter vorbei war, Mutter jetzt du sagen das der Man nit mehr Zanken soll und ah (auch) den July sagen, er soll nit mehr böss sein, dan sagte sie ja ich sage es den Mann er soll nicht mehr Zanken»

II.
(Im Jahre 1829 geschrieben)

«Am 7. April kam ein Gewitter dieses hat ein sonderliche einwürkkung gemacht, ein viertlstund, eh das Gewitter kam, hatte es mir ein kleinen schütter gegeben; als wollte mich ein frost anfallen, dann wurde es mir auf der Brust, als wenn mich einer sehr fest gebunden hätte, dann bekam ich eine Art schwindel im Kopf, dieses hat gedauert bis das Gewitter vorüber war. Dann habe ich mich so leicht gefühlt in den ganzen Leibe dan hat es mir noch ein kleinen schütter gegeben, seit diesen wird es alle Tag leichter.»

«Jetzt kan ich es erst sagen, was ich in den vorigen Sommer für ein Gefühl gehabt habe, ich habe immer gesagt das ich mir so fürchte weil ich es nicht verstanden habe das ich immer an diesen Tage mehr schmerzen fühlte als sonst darum habe ich mir so gefürchtet wenn ein Gewitter gekommen ist.»

V. Wirkung des Mondes

Er erblickte in meinem Hause (1828) zum erstenmal den Mond. Es war gerade Vollmond. Schon den Tag zuvor hatte er sich unwohler als sonst befunden (wahrscheinlich Folge des eintretenden Vollmondes); nach Betrachtung des Mondes verstärkte sich das Unwohlsein, hauptsächlich ein Drücken auf der Brust. Es blieb in diesem Grade den folgenden Tag, dann ließ es nach. Wenn er den

Mond mehr als flüchtig ansah, so fror ihn durch den ganzen Leib, und Bewegungen des Schauders waren an ihm bemerkbar. Auch als er ihn in sehr warmer Jahreszeit noch zu Anfang des August oder später, wie einmal im Oktober den Vollmond vom geheizten Zimmer aus, in dem er sich schon lange Zeit befunden hatte, betrachtete, war dies der Fall. Angaben aus späterer Erinnerung sind folgende. War der Mond sichtbar, so war ihm unwohler, als wenn er nicht gesehen wurde. War der Mond (nach seinem Ausdrucke) wie die Butter, so war der Schauder nicht so stark, wenn er halbvoll war, noch einmal so stark, wenn ganz voll, so war der Frost und andere Gefühle, über die er sich gar zu dunkel ausdrückte, als daß ich etwas Sicheres darüber hersetzen könnte, am stärksten. Nach langem Ansehen bekam er starkes Brennen in den Augen und sah alles weiß, was jedoch auch dem allgemeinen Lichtreiz zugeschrieben werden kann. Von Wirkung anderer Gestirne auf *Hauser* tat sich nichts kund. Wenn ich ihn bestimmte Sterne ins Auge fassen ließ und fragte, ob er von diesen nichts empfinde, verneinte er es.

VI. Auffallendes Verhältnis zu einer Katze

Mit einer Katze, die in meinem Hause ernährt wurde, stand *Hauser,* bevor er Fleischkost genießen lernte (1828), in einem auf gewöhnlichem Wege nicht wohl erklärbaren Verhältnisse. Diese Katze ließ sich zwar im Zimmer berühren und tragen, nie und von niemand aber, wenn sie im Freien war. Sowie dagegen *Hauser* in den Garten kam, lief sie auf ihn zu, wenn nicht etwa andere Leute sie abschreckten, ließ sich von ihm ergreifen und herumtragen und jagte sich mit ihm spielend im Garten umher. Sie schmeichelte ihm an den Füßen herum, wovon er, wie er sagte, eine sehr wohltätige

Empfindung eigener Art bekam*). Diese Katze genoß sonst nichts als Fleisch und Milch; trockenes Brot pflegte sie auch dann nicht zu fressen, wenn sie sehr hungrig war. Allein aus *Hausers* Hand fraß sie viel schwarzes Brot, wenn es sie auch nicht sehr hungerte, sogar Obst. Ich hielt ihr einmal zuerst etwas von gekochten Äpfeln hin, was sie beroch und liegen ließ, dann nahm *Hauser* dasselbe in die Hand und bot es ihr an, worauf sie es sogleich verzehrte. Einmal kam sie zu *Hauser,* der sich im Garten befand, mit einem großen Band, das sie irgendwo gefunden haben mochte, herbeigerannt, ihn gewissermaßen zum Spielen auffordernd**). Ich sah es einst selbst mit an, als sie ihn, der in den Garten kam und das Band suchte, sogleich verstand, in das Gesträuch sprang und mit dem Band herauskam. *Hauser* behauptete, *dieses Tier habe erst dann nach ihm gehauen,* wie es andern zu tun pflegte, *als er anfing, Fleisch zu vertragen***).* Er selbst schrieb mir in seiner unvergleichlichen Manier hierüber folgendes auf:

«Der Herr Professor Daumer hatte eine Katze, welche weiß und schwarze Flecken hatte †), mit dieser unterhielt ich mich manche Stunde im Garten, an einen Morgen ging ich in den Garten und dachte wenn nur die Katze in den Garten wäre, heute möchte ich gerade gerne mit ihr spielen. Als ich zur Gartentüre hinein kam lief sie mir schon entgegen, ich rief ihr zu: Mützel bist du schon da, und lief den Garten hinunter bis zum andern Ende, sie konnte

---

*) Dies ist, wie es scheint, die einzige animalisch-magnetische Einwirkung aus jener Zeit, die ihm wohltätig war. Er hatte bei jenem Anschmiegen auch das Gefühl des Angewehtwerdens. (Vergl. I.)

**) *Hauser* hatte früher öfters mit seinem Strumpfband mit ihr gespielt.

***) Durch das Fleischessen wurde das Magnetische und Somnambule in *Hausers* Natur für eine lange Zeit unterdrückt. Erst in Folge des Mordversuchs trat es wieder hervor (siehe unten).

†) *Hauser* flicht nach Art der Ungebildeten auch die ganz unbedeutenden und unwesentlichen Umstände in die Erzählung ein.

aber besser laufen als ich und ich lief nicht ganz hinunter sondern ich wandte mich um und wollte zur Mutter hinauf gehen und mir ein Band geben lassen daß ich mit ihr recht spielen könnte als ich langsam hinunter ging lief sie mir vor und sprang in das Feld hinein und brachte mir ein Band entgegen und ich spielte mit ihr eine halbe Stunde lang dann kam auch der Herr Professor und wollte zusehen wie ich mit ihr spielte denn der Herr Professor sah zuerst zum Fenster hinunter und da konnte er nicht recht hinunter sehen, so ging er auch in den Garten, aber sobald er die Gartentüre öffnete hörte die Katze mit mir zu spielen auf und lief aus den Garten hinaus ich wußte nicht gleich warum denn die Katze heute aus den Garten lief und nicht zuerst mir das Zeichen gab, denn wann sie nicht mehr spielen mochte so lief sie nicht mehr auf das Band hin sondern auf meinen Fuß her und spielte mit den eine Zeit lang und dann tat sie ein kleinen Schrei und ging schön langsam zur Gartentüre hinaus.»

VII. *Hausers* psychischer Zustand und Benehmen in den ersten Zeiten seines Aufenthalts zu Nürnberg im Jahre 1828

Als ich *Hauser* kennen lernte, stellte sich sein Gesicht, wenn es keinen Affekt äußerte, als ein gemeines dar, und die unteren Teile des Gesichtes traten vor – was von der langen Unterdrückung der geistigen Entwicklung herkommen mochte; auch änderte sich diese Gesichtsbildung nachher gänzlich. Sein Weinen war sehr unschön, er zog dabei den Mund weit herunter, dagegen hatte sein Lachen, wobei die untern Teile des Gesichtes zurücktraten, der Mund sich öffnete, die Augen aufleuchteten und der ganze Mensch in die lebhafteste Bewegung kam, einen unbeschreiblichen

Reiz; ein solcher Ausdruck rein kindlicher Freude ist mir sonst nirgends vorgekommen. Es glich dem Lachen eines kleinen Kindes, mit dem man tändelt oder dem man etwas Glänzendes vorhält, aber es drückte sich darin eine höhere Kraft des Bewußtseins aus. Im Gesichte malte sich jede Empfindung und Regung seines Innern mit den stärksten Farben. Er konnte, sozusagen, in *einem* Atem lachen und weinen. Als man ihm seine Weste zum Ausbessern fortgetragen hatte, konnte er nie daran erinnert werden, ohne daß sich sein Mund zum Weinen verzog und ihm Tränen in die Augen traten; man durfte aber nur bemerken, daß er seine Weste verschönert zurückerhalten werde, so ging sein Gesicht augenblicklich in den hellsten Ausdruck der Freude über. Einige Worte, die *Hauser* von dem Unbekannten, der ihn nach Nürnberg geführt, nur äußerlich, ohne sie zu verstehen, aufgefaßt hatte, z. B.: «I möcht ah (auch) a söchana (solcher) Reiter wern, wie Vater is.» – «We (wenn) Reiter bis, wie Vater, da (dann) ham weisen»*) – vorzüglich die Worte «ham weisen» aus letzterem Satze brauchte *Hauser* in der frühesten Zeit ganz allgemein, um Klage, Wunsch, Forderung und so weiter jeder Art auszudrücken. «Da hi weiß, wo Brief hi ghört», sagte *Hauser,* wenn er ein Papier in die Hände bekam, weil der Mann so gesagt hatte, als er ihm den Brief in die Hand gegeben; «dich anschütt», sagte er, als es regnete, weil der Mann so gesagt, da *Hauser* vom Regen naß wurde. So nach *Hausers* späteren Erinnerungen. Auch «da dei Nam *Kasper Hauser*» und «du schö Rooß komm, Vater» sind Worte, die er von Reden des Mannes gemerkt, dem er alles, wie

---

*) So glaubt *Hauser* sich zu erinnern, die Worte in der frühsten Zeit gesprochen zu haben. «Ham weisten» sagte er nach Erinnerungen anderer. Was übrigens den Volksdialekt betrifft, der in *Hausers* Sprache so lange vorherrschte, so nahm er diesen weniger von dem Unbekannten, als von dem Gefängniswärter, in dessen Verpflegung er anfangs war, und von der Familie desselben an. Hauptsächlich die Frau dieses Mannes, die ganz im altbaierischen Dialekt spricht, gab sich viele Mühe, ihn reden zu lehren.

ein Papagei nachsprach. So sprach er auch anfangs zu Nürnberg die gehörten Worte nach, was zu manchem Mißverstand Anlaß gab. Ein fremdes, ihm nachher aus dem Sinn gekommenes (wohl ungarisches) Wort erinnert er sich noch zu Nürnberg im Gefängnisturme beim Putzen seiner Spielpferde gesprochen und damit «Schönmachen, Putzen» ausdrücken gewollt zu haben. Als ich ihn kennen lernte, und noch lange nachher, erschien nicht nur sein Deutsch, sondern überhaupt sein Vermögen zu sprechen höchst mangelhaft und seine Wortfügung fremdartig. Hilfszeitwörter, Pronomina wurden häufig ausgelassen, das Verbum ans Ende des Satzes gestellt, statt bestimmter Verbalformen häufig der Infinitiv gesetzt, z. B. «Sie mir dees lehrna», «du mir dees lehrna», statt lehren Sie mir das, lehre mir das, «den raus thu», statt diesen muß oder soll man heraustun, diesen tue man heraus*), und so immer bei Imperativsätzen. Um sein Gefallen oder Mißfallen an etwas auszudrücken, waren seine gewöhnlichen Worte: «Dees schö – dees nit schö – dees goarstig.» Nur weiße Tiere nannte er anfangs Rosse, weil seine Spielpferde weiß gewesen, von braunen Pferden z. B. verneinte er, daß es Rosse seien; aber weiße Gänse und Ochsen ließ er dafür gelten. Wurzeln und Zöpfe nannte er *Schweife*, Balken *Bäume*, Tanzen *Herumlaufen*, Schwimmen *Laufen*, Gähnen den *Mund aufmachen*, das Umringen und Umstehen der Leute, die sich an ihn drängten, *Einmachen*, und so mehreres. Von sich selbst sprach er in der dritten Person als vom «Kaspar». Sein Sprechen war mühsam und ringend, und er suchte dem Ausdruck der Rede durch eigentümliche Arm- und Handbewegungen nachzuhelfen; die Hände waren aufgehoben, das Innere derselben nach außen gekehrt, Daumen und Zeigefinger mit den Fingerspitzen aneinandergeschlossen, und so die Hände und Arme

---

*) Er sagte dies in Beziehung auf einen, den er im Flusse baden sah und von dem er aus Unkunde dieser Erscheinung glaubte, er sei ins Wasser gefallen und in Lebensgefahr.

gegen den bewegt, mit dem er sprach. Auch klopfte er mit den geschlossenen Spitzen des Daumens und Zeigefingers im Sprechen gern auf einen Tisch*). Wollte man ihm diese auffallenden Bewegungen abgewöhnen, so klagte er, daß ihm das Sprechen dann noch härter ankäme. Jenes Zusammenschließen des Daumens und Zeigefingers war auch der Fall bei angestrengtem Sinnen und Aufmerken und hatte einen krankhaften Grund; das eine Mal verursachte die Anstrengung des Sinnens und Aufmerkens, das andere Mal die des Suchens nach dem Ausdrucke der Rede diese krampfhafte Zusammenziehung. Als ich ihn zum erstenmal besuchte, zog unter dem Tore vor der Stadt eine Bauernmusik vorbei, *Hauser* horchte auf und nahm die ganz eigentümliche Stellung an, in der ich ihn später öfters sah, wenn er über etwas nachdachte oder sich auf etwas besann. Er stand ganz starr und hielt die Arme mit gebogenen Ellenbogen vor sich hin, Daumen und Zeigefinger waren zusammengedrückt, wie wenn er etwas zwischen ihnen gehalten hätte. Den Augen sah man an, daß sie nicht sahen, daß die Seele aus ihnen gewichen war, die sich jetzt ganz und gar nur als hörend verhielt. Er verblieb in dieser Stellung, bis die Töne ganz in der Ferne verhallt waren.

In einem solchen Fall, wenn seine Aufmerksamkeit auf etwas gerichtet war, wenn er sann und nachdachte, hörte und sah er nichts von dem, was um ihn herum vorging. Man konnte ihm, der empfindlich gegen laute und starke Töne war, mit der lautesten Stimme zurufen, ohne daß er es hörte. Erst wenn er mit einer schwer zu beschreibenden, fast einem Aufschrecken gleichen, zuckenden oder vielmehr schüttelnden Bewegung**) in seinen gewöhnlichen Zustand überging und selbst wieder zu sprechen

---

*) Noch im Jahr 1830 sah ich zuweilen eine solche Bewegung an ihm.

**) Jetzt ist es zuweilen nur noch ein Ruck.

begann, vernahm er auch andere wieder*). In Hinsicht des Geschmacks zeigte er sich auf der untersten Stufe der Entwicklung stehend. Alles Glänzende und Farbige war ihm schön, alles Dunkle häßlich und widerlich, für andere Schönheit als die des Hellfarbigen ermangelte er der Erkenntnis**). Alle Menschen waren ihm schön, die nicht schwarz waren wie ein Mohr***) oder Schornsteinfeger. Wenn man ihn fragte, ob ihm nicht einer schöner als der andere scheine, so sagte er, sie wären alle gleich schön, denn sie wären ja nicht schwarz im Gesichte. Das Weiße war ihm schön, Grün gefiel ihm nicht, Blau und Rot waren seine Lieblingsfarben. Eine ganz weiße Katze, einen ganz weißen Hund fand er schön, schöner aber, meinte er, wäre es, wenn diese Tiere rot oder blau wären. Das Grün des Laubes, Grases und so fort fand er nicht schön. Es sollte, sagte er, rot oder blau sein. Als er auf einem Wirtshausschilde ein rotes Pferd angemalt sah, sagte er, wenn die

---

*) Was bei jedem Menschen der Fall ist, daß er bei angestrengtem Sinnen und Denken weniger empfänglich für äußere Eindrücke ist, zeigte sich bei *Hauser* nur in sehr hohem und auffallendem Grade. So kam es, daß derselbe Mensch jetzt mit so ungeheurer Schärfe, ein anderesmal gar nichts sah und vernahm, und was für einen Archimed seine mathematischen Figuren und Berechnungen waren, das war für *Hauser* jeder Gegenstand des Aufmerkens und Nachdenkens. Daß er in seinem Käfig kein Glockengeläut, keinen Donner, noch anderes von außen eindringendes Geräusch und Tönen vernahm (es ist ihm sogar nicht erinnerlich, daß er eine Tür öffnen und schließen oder gehen gehört), davon liegt wohl auch der Grund hauptsächlich in seinem psychischen Zustande. Was er zu tun gewohnt war, mit den Pferden zu spielen und so weiter, nahm seine ganze Aufmerksamkeit hin, füllte seine ganze Seele aus, und das geringe Tun, auf welches er gewaltsam beschränkt, in welches seine durch Einsperrung, Anfesselung und Opium gebändigte Kinderseele gebannt worden war, reichte damals hin, seine Sinne von äußern Eindrücken abzuschließen.

**) Wenn *Hauser* früher ein Mädchen zu werden begehrte, so geschah dies keineswegs, weil er sich zur weiblichen Natur hingezogen fühlte oder an weiblicher Schönheit Gefallen fand, sondern weil er als Mädchen in farbigen schmucken Kleidern zu prangen wünschte. Man konnte ihn in keine größere Freude versetzen, als wenn man ihm ein weibliches Kleidungsstück umhing.

***) Mohren waren ihm auf Bilderbögen vorgekommen.

Pferde so schön rot wären, dann wären sie herrlich, und als er einst einen Baum voller roter Äpfel sah, sagte er, wie schön wäre dieser Baum, wenn die Blätter auch so rot wären. Einmal äußerte er, sein Gesicht müßte recht schön aussehen, wenn es vergoldet wäre, ging auch einmal allen Ernstes Herrn Bürgermeister *Binder* an, ihm das Gesicht vergolden zu lassen. Sinn für die Natur fehlte ihm ganz. Sein Zimmer, mit den darin befindlichen Bildern und Gegenständen, galt ihm für weit schöner als eine anmutige ländliche Gegend oder Szene. Als man ihn auf einer Anhöhe auf eine schöne Aussicht aufmerksam machte, sagte er, da sehe er nichts Schönes, es sei ja alles grün. Erst wenn man ihn durch ein gefärbtes, zumal rotes Glas sehen ließ, gefiel ihm dergleichen. In der Musik sprach ihn nur das Lustige und Muntere an. Als man ihm einmal etwas von ernstem Charakter vorspielte, sagte er, das gehe ihm zu traurig. *Traurig könne er selbst sein,* dazu brauche er keine Musik. Alles was ihm gefiel, wünschte er zu besitzen und forderte er, auch *Flammen* und *Töne.* Uhren, Goldstücke und andere Gegenstände, an denen er Gefallen fand, wollte er anfangs nur seinen Spielpferden als Schmuck anhängen. Als er zum erstenmale (vor meiner Bekanntschaft mit ihm) eine brennende Kerze sah, wünschte er die Flamme zu haben, um sie dem Spielpferd anzuhängen, und da man sagte, man schenke sie ihm, langte er in die Flamme, so daß er sich die Finger verbrannte. Alles, glaubte er, sei lebendig, auch das Toteste; in alles legte er Bewußtsein, Willen, Empfindung. In den ersten Tagen zu Nürnberg glaubte er, Brot, Wasser und Spielpferde seien ihm davongelaufen, und sprach mit dem Brot, das er bekam, und mit einem Ofen, dessen glänzende Farbe ihn anzog. Als er sah, wie ein Kind, auf einem gefällten Baumstamm sitzend, mit einem Stöckchen daraufschlug, fragte er, warum es den Baum schlage, indem er meinte, es wolle demselben etwas zuleide tun. An einer Statue des Gartens, der an meiner Wohnung liegt, nahm er großes Ärgernis, weil sie sich, wie er sagte, nicht reinigte und putzte. In den ersten Zeiten hielt er selbst die Bilder der lebendigen Wesen auf seinen Kupferbögen für belebt. Beim Anblick eines an einem Hause angemalten im Galopp laufenden Pferdes fragte er, warum dieses Pferd so ohne Führer daherspringe. Als ihm der Wind ein Blatt Papier vom Tische wehte, sagte er, es sei heruntergelaufen, und da man ihm sagte, der Wind habe es heruntergeweht, sagte er, sich beschwerend, das solle der Wind nicht tun, indem er den Wind als ein persönliches Wesen nahm. So machte er es sogar mit dem Winter, von dem er sagte, er wundere sich, daß es ihn nicht selber friere, wenn er so kalt mache. Hauptsächlich wenn er etwas sich bewegen sah, ließ er sich nicht überzeugen, daß es nicht fühle, wolle und sich willkürlich selbst bewege. Als ich einen Apfel im Garten hinrollen ließ, verwunderte er sich, daß der Apfel so laufen könne, und glaubte, es sei die selbständige Bewegung eines Lebendigen. Wenn sich der Apfel in Hecken und Beete verlief oder wenn er ihn in die Höhe warf und nicht wieder fangen konnte, sagte er, der Apfel folge nicht, und fragte, warum er andern folge und nicht ihm? Als ein Apfel im Laufen einmal plötzlich inne hielt, sagte er, er sei jetzt müde und man müsse ihn nicht länger plagen. Jemand wollte ihm zeigen, daß es von ihm abhänge, welche Richtung der Apfel nehmen müsse, und daß er hinfalle, wo er ihn hinwerfe. Da aber der Apfel nicht an der Stelle blieb, wo er auffiel, sondern absprang, so brauchte *Hauser* dies als Gegenbeweis*) und blieb um so mehr bei der Meinung, daß der Apfel von selbst springen und laufen könne. Als ein rollender Apfel einmal an einen andern im Weg liegenden anstieß und ihn auf die Seite trieb, beschwerte er sich über den garstigen Apfel, der dem andern weh getan und ihn weggestoßen habe, und sagte, diesen möge er nun nicht mehr. Als jemand die rollenden Äpfel mit dem Fuße aufzuhalten suchte und diese an der etwas holperigen Stelle öfters in die Höhe und über den Fuß wegsprangen,

*) Vergleiche unten, wo er den Gefängniswärter auf ähnliche Weise zu widerlegen glaubte.

freute er sich sehr über ihre Klugheit und Behendigkeit, ermahnte jeden, den er rollen ließ, zuvor, dasselbe zu tun, und zeigte ihm, wie er es machen müsse. Die Spielpferde, mit denen er sich im Käfig unterhalten hatte, sowie die, mit denen er zu Nürnberg spielte, galten ihm für lebendige und teilnehmende Wesen, und alle Liebe, die in ihm war, hatte er in sie gelegt. Zu ihnen sehnte er sich unablässig hin, als man zu Nürnberg noch nicht darauf gekommen war, ihm dergleichen anzubieten; er hoffte, daß sie wieder zu ihm kommen würden, und betrübte sich über ihr langes Ausbleiben; er erinnert sich noch, beim Hören eines Trompetentons gedacht zu haben, er wolle den Pferden, wenn sie wieder kämen, erzählen, was er Schönes gehört. In einer schriftlichen Erzählung *Hausers* heißt es: «Jetzt hörte ich wieder die Trompete in der Kaiserstallung, ich horchte und freute mich immer sehr, weil meine Hoffnung war, *wann die Roß kommen, ich erzählen, was ich gehört habe.*» Und an einem andern Orte: «*Ich war in der Meinung, die Pferde sind fortgegangen.* Ich bekam auch den Gedanken, wenn die Pferde kommen, so sage ich, *sie sollen nicht mehr fortgehen,* auch dieses wollte ich sagen, *sie sollen das Brot nicht mehr fortlassen, sonst habt ihr nichts.*»*) Als er wieder Spielpferde bekam, weinte er vor Freude und vergaß den schmerzlichen Zustand, in dem er sich damals befand. Er hatte schon in seinem Käfig die Gewohnheit, seinen leblosen Gesellschaftern nicht nur Brot zum Fraße hinzuhalten, sondern auch sie mit dem Maule in sein Wassergefäß einzutauchen und, wie er meinte, saufen zu lassen. So machte er es auch (wie ich von zuverlässigen Leuten weiß) zu Nürnberg. Wenn er aß, so hielt er mit der einen Hand ein Stückchen Brot an den Kopf des Pferdes und steckte sich mit der andern ein Stück in den Mund, dann aß er das, welches er dem Pferde vorgehalten und hielt diesem ein anderes vor, und so trieb er es fort, bis das Brot aufgezehrt war. Zuweilen blieb am

*) Ich werde unten diese Erzählung im Zusammenhange mitteilen.

Pferde etwas hängen; damit wollte er einmal den Gefängniswärter widerlegen, als dieser ihn zu belehren suchte, daß seine Pferde nicht fressen könnten. Wenn man ihm etwas zum Genusse anbot, was ihm widerstand, pflegte er zu sagen: Das fressen die Pferde nicht. So sehr hatte er in ihnen die Anschauung seiner selbst. Doch hatte er sich durch den Gefängniswärter, schon ehe ich ihn kannte, überzeugen lassen, daß seine Spielpferde nicht lebendig seien; aber noch nach seinem Eintritte in mein Haus hielt er die Meinung fest, der große hölzerne Reitgaul, auf dem er sich öfters geschaukelt hatte, sei lebendig; ich hörte ihn noch, da ich ihn im Turme besuchte, die Besorgnis äußern, er möchte ihm davonlaufen, wenn die Türen nicht verschlossen würden. Als er einmal auf diesem Holzpferde von der Anstrengung des Schaukelns erschöpft einschlief und sich am Finger quetschte, beklagte er sich, daß ihn das Pferd gebissen habe. Die Ansicht, daß alles lebe und empfinde, hinderte ihn ganz und gar nicht, anzunehmen, daß alles äußerlich von Menschenhänden geformt und gemacht worden sei (vergl. I. Ende). Beim Anblicke gezackter großer Blätter fragte er mich, wer das so ausgeschnitten habe, und es war vergeblich, ihm vorstellbar und glaublich machen zu wollen, daß dies so von selbst hervorwachse. Als er einen Einäugigen sah, sagte er zu ihm, er solle sich ein Auge einmachen lassen, und da man entgegnete, das ginge nicht an, sagte er, wer das eine gemacht habe, könne auch ein anderes machen. Zwischen der Natur und den Fähigkeiten der Menschen und Tiere wußte er keinen Unterschied. Der Hauskatze wollte er aufrecht gehen lehren. Er ärgerte sich darüber, daß sie mit dem Munde äße und sich mit demselben putze und ablecke. Er wollte ihr das Essen mit den Händen lehren, ergriff ihre Pfote und ermahnte sie, mit derselben ihren Fraß zu fassen und an das Maul zu bringen. Überhaupt sprach er mit der Katze wie mit einem Menschen und wunderte sich, daß sie nicht darauf achte und nichts lernen wolle. Da er Ochsen auf dem Pflaster gelagert sah, fragte er, warum sie sich auf den harten Boden legten und nicht lieber nach Hause gingen, um sich niederzulegen. Er beschwerte sich darüber, daß die Tiere, z. B. Ochsen, Pferde, den Weg verunreinigten und nicht auf den Abtritt gingen. Noch im Herbste des Jahres 1828 hielt er sich sehr darüber auf, daß ein Pferd im Stalle «vor allen Leuten» sein Wasser ließ. Seine Unkunde der gewöhnlichsten und nächsten Erscheinungen und Gegenstände, welche die wunderlichsten Äußerungen verursachte, war anfangs so groß, daß er nicht einmal alle Glieder seines Leibes kannte. Einmal, erzählte er mir, sei jemand zu ihm gekommen, der sich bemüht habe, ihn damit bekannt zu machen. Als man ihn mit den Händen an seine Ohren langen lassen, sei er sehr verwundert gewesen und habe geglaubt, das sei etwas Ungehöriges, welches von seinem Körper weggeschafft werden müsse. Erst da der Gefängniswärter ihn ein wenig an den Ohren gezogen, habe er sich überzeugt, daß es ein Teil seines Leibes sei. Als ein Arzt seinen Kopf untersuchen wollte und mit beiden Händen daran griff, hörte ich ihn bitten, man möge ihm den Kopf nicht herunternehmen. Ebenso bei Untersuchung des Fußes, man möge ihn nicht wegnehmen. Einen Ring, den man ihm an den Finger gesteckt hatte und den er ablegen wollte, streifte er nicht ab, wie man zu tun hat, sondern bemühte sich, ihn unmittelbar von der Stelle des Fingers, an der er sich befand, durch den Finger hindurch wegzuziehen. Als ihm einmal die Röte seiner früher blasseren Wangen auffiel, fragte er, wer ihm das Rot hingemacht habe. Weil ihm die Wassersuppe, zu der er sich bei Gewöhnung an warme Speisen zunächst verstanden hatte, täglich mehr behagte, meinte er, sie werde täglich besser zubereitet, fragte, wie das zugehe und warum man sie nicht gleich anfangs so gut gemacht habe. Als er eine graue Katze erblickte, fragte er, warum sie sich nicht wasche, damit sie weiß werde. Das Tanzen, das man ihn einmal versuchen ließ, faßte er leicht, meinte aber, wenn er mit einer andern Person tanze, so geschehe dieses nur, um ihn zu unterstützen, weil er es noch nicht allein vermöge, wie man ihn

49

auch gehen gelehrt hatte. Das Spiegelbild für das zu nehmen, was es ist, konnte er lange nicht bewogen werden. Als sich einmal in dem geöffneten Fenster die im Zimmer befindlichen Personen abspiegelten, fürchtete er sich davor und sagte, man solle das Fenster zumachen, damit die Leute da draußen nicht hereinkommen könnten. Ich ließ ihn bemerken, daß die Bilder im Fenster und Spiegel alles nachmachten, was die davor stehenden Personen täten, und in allen Stücken so aussähen wie diese, dann ließ ich ihn mit der Hand hinter das Fenster greifen, wo die abgespiegelte Person zu stehen schien, und als er in das Leere griff, so überzeugte er sich endlich von der Scheinbarkeit der erblickten Gestalt. Man zeigte ihm ein Kupferblatt, auf welchem ein Ritter zu Pferde von der Seite dargestellt war, so daß man den Kopf des Pferdes nicht zu sehen bekam. Er fragte, warum dieses Pferd keinen Kopf habe. Als man ihm sagte, der Kopf sei auf die Seite gewandt, die man hier nicht sehen könne, wandte er das Blatt um und wollte auf der leeren Seite desselben den Kopf erblicken. Auf ähnliche Weise machte er es bei andern Gelegenheiten. Vom organischen Zusammenhang eines Gewächses hatte er keine Vorstellung. Als man eine Blume abriß und ihm zeigte, sagte er, man müsse nichts abreißen und zerbrechen, befestigte die Blume so gut es gehen wollte wieder an ihre Stelle und glaubte, sie nun in ihren vorigen Zustand zurückversetzt zu haben. Beim Anblick eines Turmes äußerte er, das müsse ein großer Mann gewesen sein, der diese Steine alle habe aufeinanderlegen können, den möchte er sehen. Als er zu Ende Oktobers des Morgens plötzlich ein beschneites Dach erblickte (es war in der Nacht der erste Schnee gefallen), meinte er, es sei des Nachts weiß angestrichen worden. Da ihn jemand im Scherze aufforderte, einer Dame die Hand zu küssen, und es ihm vormachte, sagte er abwehrend, nein, hineinbeißen muß man nicht. Einmal, als ich ihn noch nicht kannte, kam zu ihm ein Frauenzimmer mit gelbem Hut und rotem Kleid. Nachher bekam er einen Bilderbogen zum Geschenk, worauf unter anderem ein aufrechtstehender Löwe abgebildet war. Als er diesen Bogen mit Hilfe eines Sohnes des Gefängniswärters illuminierte, bemalte dieser den untern Teil des oben gelb angestrichenen Löwen mit roter Farbe. Da erinnerte sich *Hauser* des Frauenzimmers und hielt diese gelbrote Erscheinung für das hier abgebildete Wesen oder für einen Löwen. Als nachher wieder Frauenzimmer mit gelben Hüten zu ihm kamen, nahm er sie für Löwen, nur wollte ihm, da er mit Aufmerksamkeit die Gestalten verglich, nicht alles passen. Die Füße und Hände des Frauenzimmers hatten ihm nicht genug Ähnlichkeit mit den Hinterfüßen und Tatzen der Löwen. Auch fragte er, warum das Frauenzimmer hinten keinen Stecken habe (damit meinte er nämlich den Löwenschweif), worauf er, wie er mir erzählte, die Antwort erhielt, der Löwe hier sei noch nicht ganz fertig (seiner oben angeführten Ansicht gemäß, daß alles mechanisch gemacht sei). Stecken nannte er den Schweif deshalb, weil er einen biegsamen Stock mit einer Quaste besaß und diesen mit dem Löwenschweif in eins zusammengefaßt hatte. Den Mond, da er ihn zum erstenmale erblickte, hielt er zuerst für die wiedergekehrte Sonne. Als er ihn aufmerksam betrachtete, verwunderte er sich darüber, daß er ein Angesicht habe, Augen, Nase, Mund, doch aber keine Ohren und Haare, die er für weggeschnitten hielt, und glaubte, ein am Himmel angeklebtes Bild zu sehen. Er meinte, der Mond gehe durch die Wolken durch, und als ich ihm bemerklich gemacht, daß die Wolken vielmehr unter dem Monde hinweggingen, wunderte er sich, daß derselbe, von dem anstreifenden schwarzen Gewölke nicht befleckt werde und immer wieder so rein und glänzend hervortrete. Er wollte mir nicht eher glauben, daß der Mond und die Wolken weit voneinander entfernt seien, bis ich ihm die perspektivische Täuschung an andern Gegenständen gezeigt hatte. Im August 1828 sah er in meinem Hause zum erstenmale den gestirnten Himmel. Sein Erstaunen, sein Entzücken läßt sich nicht beschreiben. Er konnte sich nicht satt daran sehen, kehrte immer zum Anschauen dieses

Glanzes zurück und bemerkte die Sterngruppen und die ausgezeichnet hellen Sterne mit ihren verschiedenen Farben. Das sei das Schönste, sagte er, was er jemals gesehen, und fragte, wer die vielen schönen Lichter da hinaufsetze, anzünde und wieder auslösche. Als man ihm sagte, daß sie wie Sonne und Mond immerfort leuchteten, aber nicht immer gesehen würden, fragte er, wer sie zuerst da hinaufgesetzt, so daß sie immer fortbrennten. Endlich versank er in tiefes Nachdenken, indem er, wie gewöhnlich in solchem Falle, unbeweglich und mit gesenktem Kopfe dastand, nichts mehr sehend und hörend. Als er wieder zu sich kam, hatte sich seine Freude in die tiefste Schwermut verwandelt. Er ließ sich zitternd auf einen Stuhl nieder und fragte, warum ihn jener böse Mann immer eingesperrt gehalten und nichts von all diesen Schönheiten gezeigt habe, da er doch nichts Böses getan. Er brach in ein langes schwer zu stillendes Weinen aus. Man solle den Mann, äußerte er unter anderem, auch einmal zwei Tage lang einsperren, damit er wisse, wie hart das sei; wobei zu bemerken, daß er früher von einer Bestrafung des Mannes durchaus nichts hatte wissen wollen.*) Nur der Schlummer vermochte ihn endlich zu beruhigen. Er schlief erst gegen 11 Uhr ein, etwas bei ihm noch nie Vorgekommenes.

Als man ihn im September und Oktober des Jahres 1828 ins Theater führte, freute er sich bloß über die glänzenden Anzüge der Schauspieler. Von dem Gesprochenen verstand er damals

---

*) In den ersten Zeiten hoffte er sogar auf die Rückkehr des Mannes, der ihn in seinen Käfig, wo ihm wohl gewesen, zurückbringen und dadurch in den frühern schmerzlosen Zustand versetzen werde. Als ich einmal im Turme, unbekannt mit dem Grunde seiner Sehnsucht, gegen ihn äußerte, daß er in jenen Käfig nicht zurückkehren könne, sah ich sein Gesicht den Ausdruck des Schmerzes und Kummers annehmen und Tränen ihm in die Augen treten. Noch an dem Tage, da ich ihn in mein Haus nahm, fragte er in einem besonders schmerzvollen Momente, warum jener Mann so lange ausbleibe? Erst als ihm in meinem Hause physisch wohler wurde, verlor er das Verlangen nach dem Käfig und dem Manne und sah es als ein hartes Schicksal an, so lange eingesperrt gewesen zu sein.

noch nichts, er fing überhaupt erst an, von dem in Gesprächen, denen er zuhörte, mit gewöhnlicher Schnelligkeit Gesprochenen zwischendurch etwas zu verstehen. Kam auf der Bühne eine komische Figur vor, so bewog sie ihn nicht zum Lachen, sondern zum Abscheu und zum Wunsche ihrer Entfernung, denn Komisches und Lächerliches gab es für ihn in den ersten Zeiten nicht, daher auch kein Lachen in dieser Beziehung; das für uns Komische war ihm widerlich und grauenhaft. Im Oktober hörte er Paesiellos Oper *Die Müllerin*. Er hatte sich Baumwolle mitgenommen, um sich vor zu lauter Musik die Ohren zu verstopfen, doch konnte er zu jener Zeit bereits die nicht angreifende Musik dieser Oper bis aufs Finale ohne solche Verwahrung hören. Die Offizierskleider des Barons machten ihm große Freude, den stärksten Abscheu aber äußerte er gegen den Amtsverwalter, insbesondere gegen seinen Haarbeutel. So ein Zopf sei das Allergarstigste, was es gebe, garstiger noch als ein Bart, sagte er, auch forderte er oftmals dazu auf, dem Mann den Zopf abzuschneiden.*) Die Gegenwart des Amtsverwalters war ihm unerträglich, er wandte oft das Gesicht ab, ärgerte sich, wenn er erschien, und bezeugte seine Zufriedenheit, wenn er abtrat. Er hielt sich darüber auf, daß dieser «*Garstige*» immer zu den andern *schönen* Personen hinzugehe, und wunderte sich darüber, daß diese mit ihm sprechen möchten. Als der Verwalter die Kleider des Barons aus der Kammer hervorbrachte, mißfiel ihm ebenso die Berührung derselben durch den «*Garstigen*». Als der Baron dem Notar mit dem Degen drohte, sagte er, er solle lieber den Garstigen erstechen. Es war das die erste Äußerung dieser Art, die ich von ihm hörte. Es mochte ihm in diesem Augenblicke ein ähnliches Gefühl ankommen, wie wenn wir ein grauenhaftes Insekt zu

---

*) So wollte er, als er in mein Haus kam, der Hauskatze die Schnurre abschneiden. Bärte, Zöpfe, lange Haare und Schnurren waren ihm ein Greuel, und er schüttelte sich zuweilen heftig bei ihrem Anblick.

vernichten geneigt sind. Er sprach noch nach dem Theater von dem Manne mit einem Gesichte, als solle er ein Brechmittel einnehmen.

VIII. Aufsätze von Hauser

Der Gang, den *Hausers* geistige Entwicklung nahm, läßt sich sehr wohl an den schriftlichen Versuchen nachweisen, die ich von ihm in Händen habe. Im Herbste des Jahres 1828 ließ ich ihn kleine Aufsätze über beliebige Gegenstände fertigen, die ihm sodann verbessert wurden. Ein paar von diesen, die ich ganz so fehlerhaft, wie er sie schrieb, hersetze, sind folgende. Sie sind das erste, was er schriftlich entwarf, und er erscheint darin noch ganz als Kind.

I.

«Gestern hat mir der Herr Baron von Schaeuerl einen Köstlichen Ring gebracht daß ich noch keine so große Freude gehabt habe, als wie gestern und dieser Ring soll ein Andenken sein so lange ich lebe so vergesse ich den Herrn Baron von Schaeuerl nicht weil er mir ein so schönes Andenken gegeben hat.»

II.

«Gestern bin ich auf der Peterheide gewessen da habe ich recht viele Menschen gesehen und viele andere Sachen auch Affen die haben viele Künsten gemacht aber diese sind abscheuliche Thire und ich habe auch Hunde gesehen die haben Tanzen können und haben schöne Kleider angehabt, die sind recht schön gewessen.»

III.

«Vor etliche wochen habe ich von Gartenkreß mein Namen
gesähet und dieser ist recht schön gekommen der hat mir ein
solche Freude gemacht das ich es nicht sagen kann und da ist einer
in Garten herein gekomen hat viele Birn fortgetragen der hat mir
meinen Namen Zertreten da habe ich geweint dan hat Herr
Professor gesagt ich soll ihn wieder machen, ich habe ihn
gemacht den andern Morgen haben mir wieder die Katzen Zertreten.»

Ich veranlaßte ihn noch im Jahre 1828, eine Geschichte seiner
Schicksale zu schreiben. Von dieser – wie er denn überhaupt seine
Aufsätze endlos umzuarbeiten pflegte – sind mehrere Anfänge
vorhanden. Der erste lautet so:

«Die Geschichte

von

Kaspar Hauser ich will es selbst beschreiben, wie hart es mir
ergangen hat. Da wo ich immer eingespirt war in diesen Gefängnis
da war es mir recht gut vorkommen, weil ich von der Welt nichts
gewußt habe und so lange ich eingespirt war und keinen Menschen
niemals gesehen habe. Ich habe zwei hölzerne Pferd und ein Hund
gehabt, mit diesen habe ich immer gespielt, aber ich kan es nicht
sagen, ob ich den ganzen Tag gespielt habe oder nicht weil ich
nicht wußte was ein Tag oder eine Woche ist, und ich will es
beschreiben wie es ausgesehen hat in dem Gefängnis da war ein
Stroh darin» und so weiter.

Ein anderer Anfang ist folgender:

«Diese Geschichte von Kaspar Hauser, will ich selber schreiben.
Wie ich in den Gefängnis gelebt habe, und beschreibe wie es
ausgesehen hat und alles was bei mir darin gewesen ist» und so
weiter.

Von einem dritten Versuche, vom Februar 1829, worin schon eine gebildetere, doch noch sehr natürliche und naive Schreibart erscheint, ist folgendes ein Stück.

«Diese Lebensbeschreibung von meinen vorigen Zustand nach der Erinnerung geschrieben.

Das Gefängnis, in dem ich bis zu meiner Befreiung leben mußte, war ohngefähr sechs bis sieben Schuh lang, vier breit und fünf hoch. An der Vorderseite waren zwei kleine Fenster mit Holz verschlichtet, welches ganz schwarz aussah*). Auf dem Boden war Stroh gelegt, worauf ich zu sitzen und zu schlafen pflegte. Meine Füße waren von Knie an mit einer Decke bedeckt. Neben meiner Lager auf der linken Seite, war im Erdboden ein Loch, worin ein Topf angebracht war; es war auch ein Deckel darüber den ich wegschieben mußte, und immer wieder darüber deckte. Die Kleider die ich in dem Gefängnis getragen habe, waren ein Hemd, kurze Hosen, in denen aber das Hinterteil fehlte, daß ich meine Notdurft verrichten konnte**), weil ich die Hosen nicht ausziehen

---

*) Zu der Annahme, daß es Holz gewesen, was er an oder vor den Fenstern gesehen hatte, war *Hauser,* der sich bloß der *gekreuzten Form* und der *schwarzen Farbe* erinnert, durch andere gekommen.

**) Dieser und andere für die Beurteilung der Sache wichtige Umstände, z. B. daß *Hauser* am Boden festgebunden war (und also nicht herumrutschen konnte), wurden erst durch die sehr zweckmäßigen Ausforschungen offenbar, die mein Freund, Herr Prof. *Hermann* zu München, als er sich im Jahre 1828 zu Nürnberg befand, in meinem Hause mit *Hauser* anstellte. Die Verständigung mit diesem war anfangs so schwierig, daß eine Menge von Mißverständnissen und Unbegreiflichkeiten entstehen mußten, die sich durch jene und meine eigenen fortwährenden Ausforschungen und Beobachtungen fast alle gehoben haben. Ich fand z. B., daß das von *Hauser* angegebene *Nachtwerden* auf dem Wege nichts als *Augenverdunkelung* bei *äußerster Erschöpfung* war, worauf er schlief, wie es auch zu Nürnberg dreimal vorkam, daß er bei Tage glaubte, es werde oder sei Nacht. *Hauser* wurde bei Nacht aus seinem Behältnis genommen und schlafend eine Zeitlang getragen, vielleicht gefahren, machte den Weg nach Nürnberg höchst wahrscheinlich in *einem* Tage, wurde von seinem Führer in die Stadt gebracht (nicht hinein geschickt) und auf dem Platze, wo man ihn fand, verlassen. Daß

konnte. Den Hosenträger hatte ich auf den bloßen Leib, das Hemd, war darüber. Meine Nahrungsmittel waren nichts anders als Wasser und Brot, an Wasser hatte ich zuweilen Mangel, Brot war immer genug da. Ich hatte zwei hölzerne Pferde und einen Hund, mit denen ich mich immer unterhalten habe, ich hatte Bänder von rot und blauer Frabe, damit putzte ich die Pferde und den Hund, aber manchmal fielen sie herunter, weil ich sie nicht binden konnte. Wenn ich erwachte lag das Stück Brot neben mir und ein Krüglein Wasser, zuerst griff ich nach den Wasser, um meinen Durst zu stillen, dann aß ich Brot, hierauf nahm ich die Pferde, und putzte sie eine Zeitlang, dann nahm ich den Hund war ich mit diesen fertig so trank ich das übrige Wasser aus, und nahm nochmal die zwei Pferde, tat wieder alle Bänder herunter und putzte sie von neuen und machte, eine Zeitlang so fort. Dann aß ich Brot, ich wollte auch trinken, aber es war kein Wasser mehr darin, da nahm ich den Hund und wollte ihn putzen, wie die Pferde, aber ich konnte ihn nicht mehr fertig bringen weil mein Mund zu trocken wurde*), ich nahm sehr oft das Krüglein in die Hand und *hielt es lange an den Mund, aber es ging niemals Wasser heraus, ich stellte es immer wieder hin und wartete eine Zeitlang, ob nicht bald ein Wasser kommt,* weil ich nicht wußte, daß mir das Wasser gebracht werden mußte, ich hatte ja keinen Begriff, daß außer mir noch jemand sein könnte. Wenn ich eine Zeit lang gewartet habe

draußen Gott sei, der zanke (böse sei), sagte zu *Hauser bei einem Gewitter* seine erste Verpflegerin zu Nürnberg, nicht der Mann im Käfig (vergl. oben IV.). Von Eingeheiztwerden und einem Ofen weiß *Hauser* nicht das geringste; die Annahme eines runden Ofens entstand, als er die gewölbte Decke seines Gefängnisses am Boden zu bezeichnen suchte. Das Einheizen war auch nicht notwendig, da sein Gemach, wie man mit ziemlicher Sicherheit annehmen kann, unter der Erde lag.

*) *Hauser* mischt einzelne Fälle, die ihm in lebhafter Erinnerung sind, ohne gehörige Unterscheidung in die allgemeine Darstellung. Jenen Wassermangel fühlte er, wenn er Opium erhalten hatte (siehe oben).

und es ist kein Wasser gekommen, dann legte ich mich rückwärts und schlief ein. Ich erwachte wieder, da ist mein erstes gewesen, nach dem Wasser zu langen und so oft ich erwachte war ein Wasser in dem Krüglein, und auch ein Brot da. Das Wasser trank ich beinahe immer aus, dann war mir aber sehr wohl ich nahm die Pferde und machte es gerade wieder so wie ich es schon erzählte. Gewöhnlich fand ich das Wasser recht gut, aber manchmal war es nicht so gut, und wenn ich getrunken hatte, verlor ich alle Munterkeit, aß nicht mehr, und spielte auch nicht, sondern schlief ein*). Wenn ich erwachte, wars einmal so hell als das anderemal; ich habe niemals eine solche Tageshelle gesehen, als in der ich jetzt lebe. Als das erstemal der Mann zu mir kam stellte er einen ganz niedrigen Stuhl vor mich hin, legte ein Stück Papier und einen Bleistift darauf dann nahm er meine Hand, gab mir den Bleistift in die Hand, drückte mir die Finger zusammen und schrieb mir etwas vor. Das tat er recht oft bis ich es nachmachen konnte. Dieses zeigte er mir sieben oder achtmal, es gefiel mir sehr wohl *weil es schwarz und weiß aussah**), er ließ meine Hand frei ließ mich allein schreiben, ich schrieb fort und machte es nach wie er mir es vorgezeigt hatte und wiederholte dieses öfter» und so weiter.

Folgende Reime, die er im Frühling des Jahres 1829 an einem Tage, an welchem er sich vorzüglich wohl befand und einer heiteren Zukunft entgegensah, niederschrieb, sind noch ganz in seiner ersten natürlichen Sprache verfaßt:

---

*) Folge des schlafmachenden Arzneimittels, das man ihm unter das Wasser getan.

**) Es ist nicht nötig, denkende Leser auf dergleichen unnachahmliche Züge in den Erzählungen *Hausers* aufmerksam zu machen (man vergleiche die oben unterstrichene Stelle), die schon allein hinreichend wären, jeden Gedanken an Betrug zu entfernen.

«Mein erstes Jahr begrüß ich heut
In Dank und Liebe hocherfreut,
Von vieler Not und Last gedrückt,
Von heute an genieß ich was mein Herz entzückt,
Und fühl auch jetzt mich neu beglückt.
In meinem ersten Jahre steh ich nun,
Da gibt's erstaunlich viel zu tun,
Zum Schreiben und zum Malen,
Zum Rechnen oft mit Zahlen.
Gott wollte, daß ich sehe, wies in der Welt hergeht,
Und zu lesen, was in den Büchern steht,
Und anzubauen mein Gartenbeet*).
Gott wird die Kraft mir geben in Jugendtagen,
Um die Klugen auszufragen.
Jetzt muß ich mich vorbereiten,
Täglich fortzuschreiten;
Ein Schritt ist nicht gar viel,
Doch führt er mich noch zu mein' erwünschten Ziel.»

Nun aber geriet er in seinen Aufsätzen in sentimentale Schwül-
stigkeit und Geziertheit – ein Durchgangspunkt der Bildung,
an welche andere geraten, wenn sie die Zeit der Kindheit schon
weit hinter sich liegen haben, zu dem aber *Hauser* aus der Periode
der Kindheit und des Knabenalters schon im zweiten Entwick-
lungsjahre seines neubegonnenen Lebens übertrat**). In einem

---

*) Er wollte dieses bildlich von der Ausbildung seines Geistes verstanden wissen.

**) Mein obengenannter Freund schrieb in dieser Beziehung an *Hauser:* «Sie haben
die verschiedenen Alter, vom Kinde bis zum Jüngling in einer so kurzen Zeit
durchlaufen, daß man Ihr Leben mit einer Alpenreise vergleichen kann, die in den
Zeitraum von wenigen Tagen, ja oft von wenigen Stunden, die Erscheinungen der
verschiedenen Jahreszeiten vor dem Blick vorüberführt.»

Briefe schrieb er damals unter anderem: «Der Wonnemonat wäre bald mein Sterbemonat geworden»*). Einem neuen Entwurf der Lebensgeschichte gab er folgenden gesuchten Eingang:

«Lebensgeschichte von Kaspar Hauser in Nürnberg.

Welcher Erwachsene gedächte nicht mit trauriger Rührung an mein unschuldige Einsperrung für meine jungen Jahre, die ich in meiner blüthesten (blühendsten) Lebenszeit zugebracht habe. Das sich so manche Jugend das Leben erfreut hat, in entzükenden goldenen Träumen und Vergnügen lebten da meine Natur noch gar nicht erweckt war» und so weiter.

Diesen Anfang hielt er für sehr schön und empfand es übel, als ich sagte, er tauge nichts.

IX. Hausers erstes Auftreten zu Nürnberg, von ihm selbst beschrieben

Ich füge diesen Proben von *Hausers* schriftlichem Ausdruck folgende merkwürdige Erzählung hinzu, die ich *Hauser* aufzusetzen veranlaßte und aus der ich schon oben ein paar Stellen angeführt habe. Schwerlich würde selbst dem genialsten und wissenschaftlich tiefkundigsten Betrüger so etwas zu schreiben möglich sein. *Hausers* Fehler gegen die Orthographie und sein Setzen eines n statt des m des Dativs auch hier beizubehalten, ist nicht für nötig erachtet worden.

*) Er war durch einen eingesogenen Duft schwer erkrankt.

«Ich stand eine Zeitlang an der nämlichen Stelle, an welcher mich der Mann[1]) verlassen hat, bis derjenige Mann[2]) meinen Brief abnahm und mich in das Haus des Herrn Rittmeisters brachte. Als ich in dem Hause ankam, empfand ich von einer starken Stimme, die ich dort hörte, heftige Schmerzen in dem Kopf. Der Bediente setzte mich auf einen Stuhl und suchte mich auszufragen[3]), doch ich konnte nicht mit andern Worten antworten als diejenigen, die ich gelernt hatte und die ich ohne Unterschied gebrauchte, um Müdigkeit und Schmerzen auszudrücken[4]). Er brachte mir hierauf einen zinnernen Teller mit Fleisch und in einem Glase Bier. Der Glanz des Tellers und die Farbe des Biers gefiel mir, aber schon der Geruch verursachte mir Schmerzen. Ich schob es weg, er wollte es mir aufdringen, und ich schob es immer zurück. Dann brachte er mir Wasser und ein Stückchen Brot, das erkannte ich gleich und nahm es in die Hand, aß und trank. Das Wasser war so gut frisch, daß ich 3 bis 4 Gläser austrank und mich ganz gestärkt fühlte. Dann legte er mich in den Pferdestall, und ich schlief sogleich ein. Als der Herr Rittmeister nach Hause kam, weckte man mich auf, ich sah seine Uniform und seinen Säbel, ich erstaunte und erfreute mich daran und wollte auch ein solches haben. ‹I möcht ah a söchana Reiter wern wi Vater is›, womit ich zu verstehen geben wollte, man solle mir ein solches glänzendes, schönes Ding geben. Sie fingen zu sprechen an und so stark, daß es mir im ganzen Leib weh getan hat[5]), ich fing an zu weinen und

[1]) Der Unbekannte, der ihn in die Stadt geführt hatte.

[2]) Der Bürger, der ihn auf dem Platze fand, wo ihn sein unbekannter Führer verlassen hatte.

[3]) *Hauser* kann sich nur erinnern, daß der Bediente mit ihm gesprochen; daß dieser ihn habe ausfragen wollen, was auch ohne Zweifel der Fall war, ist *Hausers* in der Erinnerung gefaßte Vorstellung (vergleiche Note 17). Daß er damals nicht gewußt habe, was man mit ihm sprach, erklärt er selbst weiter unten.

[4]) Vergleiche oben VII.

[5]) Noch in meinem Hause litt er sehr, wenn man mit lauter Stimme zu ihm sprach.

61

sagte dieselben Worte. Dann führten sie mich auf die Polizei, und das war mein schmerzlichster Weg. Als ich hin kam, waren sehr viele Menschen da, und ich erstaunte und wußte nicht, was denn dieses sei, das sich so bewegt, welche immer sprachen und sehr stark, dann gaben sie mir einen Schnupftabak, welchen ich in die Nase hintun mußte; dieser tat mir sehr wehe, und ich fing an zu weinen, weil ich schreckliche Schmerzen in dem Kopf bekam. Sie plagten mich noch mit allerhand Sachen, welche mir schreckliche Schmerzen verursachten[6]), und weinte immerfort. Als ich eine Zeitlang auf der Polizei gewesen war, führten sie mich auf den Turm. Ich mußte einen sehr hohen Berg hinaufsteigen und weinte, weil mir alles sehr wehe getan hat. Als ich auf den Turm kam, sprach wieder einer so stark, daß ich noch mehr Schmerzen empfand. Derselbe führte mich noch einen größeren Berg hinauf, das ist die Stiege gewesen, er machte die Türe auf, welche einen besondern Hall von sich gab[7]), und da konnte ich erst ausruhen. Aber ich weinte noch eine Zeitlang, bis ich einschlief, weil mir alles sehr wehe getan, und endlich schlief ich doch ein. Als ich erwachte, hörte ich etwas[8]), worüber ich so in Erstaunen geraten

---

[6]) Ehe *Hauser* zu Herrn Bürgermeister *Binder* gebracht wurde, von dem er die erste liebevolle Behandlung erfuhr, wurden ihm durch Unverstand und Mutwillen anderer schreckliche Qualen bereitet. Man zwang ihm, den schon der Geruch solcher Dinge furchtbar erregte, Rauch- und Schnupftabak und geistige Getränke auf und versetzte ihn dadurch in Zustände, die selbst die rohen Menschen, welche dies verübten oder geschehen ließen, bang machten. Schon vom Geruche des Branntweins, den man dem in solchen Fällen sich stets Weigernden nahe brachte, bekam er tagelange Kopfleiden, von aufgedrungenem Käse tagelanges Magendrük- ken und so weiter. So nach *Hausers* von mir im Jahre 1828 gehörten und mit Nachrichten anderer verglichenen Erzählungen. Wie er den Teller mit Bier und Fleisch wegschob, hat man oben gelesen.

[7]) Dergleichen Geräusche, die andere gar nicht beachten, spannten damals seine Aufmerksamkeit.

[8]) Das Schlagen der Turmuhr, das ihn vielleicht erweckte, da er, wie aus dem Folgenden erhellt, *in der Nacht* aufwachte.

war und mit einer solchen Aufmerksamkeit horchte, weil ich in meinem vorigen Zustande nie etwas solches gehört hatte. Diese Aufmerksamkeit, die kann ich gar nicht beschreiben. Ich horchte sehr lange, aber nach und nach hörte ich nichts mehr und verlor sich die Aufmerksamkeit, ich fühlte die Schmerzen an meinen Füßen[9]). Ich bemerkte, daß ich in den Augen keine Schmerzen fühlte, und warum empfand ich keine? Weil es nicht Tag gewesen ist, welches für meine Augen die größte Wohltat war. Aber sonst fühlte ich im ganzen Leib Schmerzen, besonders an den Füßen. Ich setzte mich auf, ich wollte nach meinem Wasser langen, um meinen Durst zu stillen, den ich fühlte; ich sah kein Wasser und Brot mehr, statt dem sah ich den Boden, der ganz anders ausgesehen hat als in meinem frühern Aufenthaltsort. Ich wollte mich nach meinen Pferden umsehen und mit spielen, es war aber auch keines da, worauf ich sagte: ‹I möcht ah a söchana Reiter wern, wie Vater is›, womit ich sagen wollte, wo sind die Pferde hin und das Wasser und Brot[10]). Hierauf bemerkte ich den Strohsack, auf dem ich saß, welchen ich so mit Erstaunen betrachtete und wußte nicht, was denn dieses sei. Als ich ihn sehr lange betrachtet hatte, klopfte ich mit dem Finger darauf, wodurch ich das nämliche Geräusch vernommen hatte, als wie von dem Stroh, welches ich in (meinem) frühern Aufenthaltsort hatte, worauf ich immer zu sitzen und zugleich zu schlafen pflegte. Ich sah auch sehr viele andere Sachen, worüber ich so in Erstaunen geraten bin, welches sich nicht beschreiben läßt. Ich sagte: ‹I möcht ah a söchana Reiter wern, wie Vater is›, womit ich sagen wollte: Was ist denn dieses, und wo sind denn die Pferde hin? Ich hörte wieder die Uhr schlagen; ich horchte sehr lange; als ich nichts mehr hörte, sah ich den Ofen, welcher von grüner Farbe war und einen Glanz von sich

[9]) *Erst also, da er nichts mehr hörte,* vergl. unten Note 14.
[10]) Vergl. oben Note 4

gab[11]). Zu diesem sagte ich auch die gemerkten Worte, welche mir der Mann gelernt hatte, womit ich sagen wollte, er möchte mir auch ein so schönes glänzendes Ding geben; ich sagte es etlichemal, aber ich bekam nichts. Ich sah ihn sehr lange an; ich sagte nochmal die nämlichen Worte, womit ich zu dem Ofen sagen wollte, warum denn meine Pferde so lange nicht kommen. Ich war in der Meinung, die Pferde sind fortgegangen. Ich bekam auch den Gedanken, wenn die Pferde kommen, so sage ich, sie sollen nicht mehr fortgehen, auch dieses wollte ich sagen: sie sollten das Brot nicht mehr fortlassen, sonst habt ihr nichts*). Durch das viele Sprechen bekam ich sehr vielen Durst, und weil ich kein Wasser mehr sah, so legte ich mich nieder und schlief ein. Als ich wieder erwachte, empfand ich wieder dieselben Schmerzen in den Augen, als ich auf dem Herwege nach der Stadt empfunden hatte, als ich wieder erwachte, war es Tag und weil mir die Tageshelle sehr wehe tat[12]). Ich fing an zu weinen und sagte ‹I möcht a söchana Reiter wern, wie Vatter is. Dahi weis, wo Brief highört›. Damit wollte ich sagen: warum es mir in den Augen so wehe tut? Er solle dieses wegtun, welches mir in den Augen so viele Schmerzen verursachte, gebe du mir bald die Pferde und plage mich nicht immer so fort[13]). Ich hörte das nämliche, was ich zum erstenmal hörte, ich meinte aber doch, es ist etwas anders, weil ich es viel stärker hörte; es ist auch nicht das nämliche gewesen, sondern (statt) daß die Uhr

[11]) Er konnte, wie bemerkt, in den ersten Zeiten in tiefem Dunkel Farben erkennen.

*) Er pflegte, wie schon oben gesagt, seine Spielpferde mit dem Brot zu füttern, das er selbst aß; hier will er die Pferde ermahnen, das Brot nicht fortlaufen zu lassen, damit es ihnen nicht an Futter fehle.

[12]) Noch als ich *Hauser* kennen lernte, zeigten sich die Augen etwas entzündet.

[13]) Es ist merkwürdig, daß *Hauser* zuweilen eine unbestimmte, allgemeine Person anspricht, von der er glaubt, daß sie ihm sein Weh verursache, Abhilfe schaffen und Gewünschtes geben könne. Vergleiche oben IV. die erste Note.

geschlagen hat, war es geläutet worden*). Dieses hörte ich sehr lange; aber nach und nach hörte ich immer weniger, und wie meine Aufmerksamkeit weg war, sagte ich jene Worte: ‹Dahi weis, wo Brief highört›, womit ich sagen wollte: er möchte mir auch ein solches schönes Ding geben¹⁴) und möchte mich nicht immer so plagen. Ich lag sehr lange; der Mann hob mich nicht mehr auf, ich setzte mich auf; ich bemerkte, daß ich auf dem nämlichen Ort bin; da dachte ich gleich an dieses, daß ich keine Schmerzen fühlte in den Augen¹⁵), und ich hörte auch dasselbe. Endlich stand ich auf; ich setzte mich gleich wieder nieder, weil mir die Füße schrecklich wehe getan haben. Ich fing wieder an zu weinen und sagte die gelernten Worte; damit wollte ich sagen: warum denn die Pferde so lang nicht kommen und lassen mir immer so wehe tun? Ich weinte sehr lange, und der Mann kam nicht mehr. Ich sagte die Worte, ich wollte sagen, warum ich denn jetzt nicht mehr gehen lernen muß. Ich hörte die Uhr schlagen, diese nahm mir immer die Hälfte Schmerzen weg¹⁶) und worüber mich der Gedanken trö- stete, daß jetzt bald die Pferde kommen werden. Und während dieser Zeit, als ich horchte, kam ein Mann zu mir her und fragte mich um allerhand Sachen, ich gab ihm vielleicht keine Antwort, weil meine Aufmerksamkeit auf das gerichtet war, was ich hörte. Er faßte mich am Kinn an, hob mir den Kopf in die Höhe, wodurch ich einen schrecklichen Schmerzen in den Augen fühlte

---

*) Es fehlte ihm das Wort *ähnlich*, daher das wunderliche Ringen mit dem Ausdruck.

¹⁴) Nämlich den Klang, wie unten wieder vorkommt.

¹⁵) Er bemerkte, daß er an dem nämlichen Orte war, an dem er sich bei seinem ersten Erwachen (im Turme) des Nachts befunden hatte, und dachte daran, daß er damals keine Schmerzen in den Augen gefühlt. Anfangs meinte er, er befinde sich noch auf dem Wege mit seinem Führer, und erwartete, daß ihn dieser, wie es auf dem Wege geschehen war, nach dem Erwachen vom Boden erheben würde.

¹⁶) So wie er oben die Schmerzen erst fühlte, als er die Uhr nicht mehr hörte, so verschwinden sie hier, da er sie hört.

von der Tageshelle[17]). Von dem Mann, von dem ich jetzt spreche, dieser war bei mir eingesperrt gewesen, wovon ich auch nichts wußte, daß ich eingesperrt bin. Er fing an zu sprechen, ich horchte sehr lange und hörte immerfort andere Worte, jetzt sagte ich meine gemerkten Worte, ‹dahi weis wo Brief highört› – ‹I möcht a söchana Reiter wern wie Vater is›, womit ich sagen wollte, was denn dieses gewesen sei, welches mir in den Augen so wehe getan hat, wie du mir den Kopf in die Höhe gehoben hast. Aber er hat mich nicht verstanden, was ich gesagt habe, er hat wohl verstanden, was die Worte heißen, aber nicht, was ich gewollt hätte. Er ließ meinen Kopf los, setzte sich neben mich her und fragte mich immer aus; unterdessen fing die Uhr zu schlagen an; ich hatte meine Aufmerksamkeit auf dieses bekommen, was ich in dem Augenblick hörte und dem Mann mußte ich zu lange gehorcht haben; er nahm mich am Kinn, wandte mein Angesicht gegen ihn, und er würde mich gefragt haben[18]), was ich so horche, ich verstand ihn aber nicht, was er gesagt hat; ich sagte zu ihm: ‹I möcht a söchana Reiter wern› und so weiter, womit ich sagen wollte, er solle mir ein solche schönes Ding geben[19]); aber er verstand mich nicht, was ich wollte, er sprach noch immer fort; ich fing an zu weinen und sagte: ‹Roß ham›, womit ich sagen wollte: er solle mich nicht immer mit dem Sprechen so plagen, es tut mir alles sehr wehe. Er stund auf, ging an seine Lagerstätte hin und ließ mich allein sitzen. Ich weinte sehr lange; ich fühlte große Schmerzen in den Augen, so daß ich nicht mehr weinen konnte. Ich saß sehr lange Zeit allein. Jetzt hörte ich ganz etwas anderes, worüber ich mit einer solchen Aufmerksamkeit horchte, die ich

[17]) Daß ihn der Mann zuvor gefragt habe, ist Vermutung *Hausers* (vergleiche Note 3). *Hauser* will sagen: Der Mann hat mich wahrscheinlich befragt und deshalb, weil er keine Antwort erhielt, beim Kinn gefaßt.

[18]) Statt: «Er mag mich gefragt haben – hat mich vielleicht gefragt.»

[19]) Den Klang, wie schon oben einmal (siehe Note 14).

gar nicht sagen kann. Dasjenige, was ich hörte, war die Trompete in der Kaiserstallung, aber ich hörte es nicht lange, und als ich nichts mehr hörte, sagte ich ‹Roß ham›, er solle mir auch so etwas Schönes geben[20]). Jetzt kam der Mann zu mir her und sagte etlichemal sehr langsam diese Worte vor, ich sagte es ihm nach; er sagte: ‹Weißt du nicht, was dieses sei?›[21]) Ich sagte diese Worte zu ihm etlichemal, damit wollte ich sagen: er solle mir bald die Rosse geben und möchte mich nicht immer so plagen. Der Mann langte nun den Wasserkrug hin, der unter meiner Pritschen stand und wollte trinken, aber ich langte darnach und sagte ‹Roß ham›. Der Mann gab mir gleich den Krug, ließ mich trinken; als ich das Wasser getrunken hatte, wurde mir so leicht, welches sich nicht beschreiben läßt. Ich verlangte die Pferde von ihm und sagte ‹Roß ham›, worauf er etlichemal sagte, ich weiß nicht, was du willst, ich sagte auch die Worte nach, ich konnte es aber doch nicht gleich so deutlich nachsprechen und sagte ‹I wäs net›, und mit dem ‹Roß ham› wollte ich sagen, er sollte mir auch meine Rosse geben. Er verstand mich nicht, was ich gewollt hatte, und stand auf, ging an seine Lagerstätte hin und ließ mich allein sitzen. Jetzt fing die Uhr an zu schlagen, welches mich unendlich erfreute, so daß ich immer meine Schmerzen vergaß, und meine Sehnsucht war nach diesem Aufenthalts-Ort[22]). Jetzt kommt der Gefängniswärter Hiltel, brachte das Brot und Wasser, welches ich gleich erkannte und sagte zu ihm ‹I möcht ah a söchana Reiter wern, wie Vater is›; damit sagte ich zu dem Brot: Jetzt du nicht mehr fortgehen und mich nicht mehr so plagen lassen. Er legte das Brot neben mich

[20]) Den Ton, wie schon zweimal vorkam, beim Hören des Glockenschlags und Glockenläutens.

[21]) Scheint eine Vermischung direkter und indirekter Rede zu sein.

[22]) Man verstehe: «Und die Sehnsucht (verlor), die ich nach meinem frühern Aufenthaltsort hatte.» Ich habe schon oben bemerkt, daß *Hauser* sich anfangs in seinen Käfig zurücksehnte, wo er ohne Schmerz gelebt hatte.

hin; ich nahm es gleich in die Hand; das Wasser schüttet er in den Krug hinein, stellte ihn auf den Boden hin. Jetzt fing er mich auszufragen an. Er fragte mich mit so rascher Stimme, welche mir viele Schmerzen verursachte im Kopf, ich fing an zu weinen und sagte: ‹I möcht ah a söchana Reiter wern, wie Vater is›; ‹ham weisen›; ‹I wäs net›; ‹In groß Dorf, da is dei Vatter›. Diese Worte gebrauchte ich ohne Unterschied, um dieses zu verlangen, was ich gewollt hätte. Der Gefängniswärter ging fort, weil er mich nicht verstanden hat, er verstand wohl die Worte, was es heißen, aber nicht was ich damit gesagt habe, und ich verstand ihn auch nicht, was er zu mir gesagt hat. Ich aß mein Brot, als ich es in den Mund brachte, war es nicht so hart als dieses, welches ich in meinem vorigen Aufenthaltsort hatte. Ich betrachtete es und sah, daß es doch ein Brot sei, aber es hat diesen Geschmack[23]) und das Harte nicht gehabt[24]). Ich aß doch, weil ich Hunger hatte, ich werde es einige Minuten im Magen gehabt haben, bekam ich starke Schmerzen im Leib; ich fing an zu weinen und sagte ‹ham weisen›, damit wollte ich sagen: er solle mir nicht so wehe tun und möchte mich dahin tun, wo meine Roß sind. Jetzt hörte ich wieder die Trompete in der Kaiserstallung; ich horchte und erfreute mich immer sehr, weil meine Hoffnung war, wenn die Roß kommen, ich erzählen[25]), was ich gehört habe. Ich horchte sehr lange, ich hörte nichts mehr. Jetzt kam der Gefängniswärter wieder, brachte ein Stückchen Papier und einen Bleistift mit. Dieses erkannte ich gleich, worüber ich mich so erfreute, welches ich nicht beschrei-

[23]) Seine gewohnte Speise war feines, stark gewürztes Roggenbrot.

[24]) Er bekam im Käfig ganz altbackenes Brot und konnte das neugebackene, das er im Turme erhielt, um so weniger vertragen.

[25]) Wenn *Hauser* Reden und Gedanken von sich aus den ersten Zeiten seines Aufenthalts zu Nürnberg anführt, so bedient er sich zuweilen der unvollkommenen Redeweise, in der er in jenen Zeiten sprach. Darum sagt er hier «ich erzählen» mit ausgelassenem: will, wolle, werde.

ben kann, weil ich dachte: jetzt bekomme ich bald meine Roß[26]).
Er gab mir das Papier und den Bleistift in die Hand, und (ich)
schrieb das, was mir der Mann gelehrt hatte, und dieses war mein
Namen gewesen, welches ich nicht gewußt habe, was ich geschrieben hatte. Als ich mit dem Schreiben fertig war, sagte ich ‹I möcht
ah a söchana Reiter wern, wie Vater is›, damit sagte ich: jetzt solle
er mir die Pferde geben. Er sagte wohl etwas mit einer starken
Stimme, welches ich nicht verstanden habe, und nahm das Papier
und ging fort.»

X. Ahnung des Mordversuchs

Über diese merkwürdige Ahnung, die ihn in den dem Mordversuch vorausgehenden Tagen befiel, äußerte sich zwar *Hauser* erst
nach dem Vorfall mit Bestimmtheit, weil er, was seiner großen
Zaghaftigkeit wegen nicht selten geschehen war, verlacht zu werden fürchtete und seine Empfindlichkeit gegen Spott und Lächer-
lichwerden so groß war, daß er aus Furcht vor diesem jede andere
Furcht zu unterdrücken oder zu verbergen suchte. Doch ist aus
den über *Hauser* noch vor dem Mordversuch niedergeschriebenen
Bemerkungen ersichtlich, daß er in jenen Tagen an einer erhöhten
krankhaften Gereiztheit und Empfindlichkeit gelitten habe und in
allerlei Unwohlsein herumgeworfen wurde, wogegen die bei ihm
sonst immer sehr wirksamen Mittel den gewohnten Erfolg nicht
hatten oder, ohne zu nützen, nur mehr aufreizten. *Hausers* nach

---

[26]) Im Käfig hatte er mit Bleistift auf Papier geschrieben, daher verband er beim
Anblick dieser Gegenstände die Vorstellung derselben mit der der Spielpferde, die
er im Käfig gehabt, und meinte, da die ersten vorhanden waren, die letztern, als mit
ihnen zusammengehörig, seien auch nicht weit.

dem Mordversuch gemachten bestimmten Angaben zufolge fing die Ahnung am Montag und Dienstag vor dem Sonnabend, an welchem die Tat geschah, sich zu regen an und trat am Mittwoch mit voller Bestimmtheit ein. Es befiel ihn des Morgens Angst und Frostschauder mit der Vorstellung verbunden, es werde jemand kommen und ihn umbringen. Dieses Gefühl hatte er die vier Tage lang bis zur Begebenheit, und wenn es ihn verließ, so kam es doch nach einer halben oder ganzen Stunde wieder. Wenn er allein im Zimmer war, kam es ihm vor, als sei ein (unbestimmter) Mann darin, auf der Straße, als gehe ihm ein Mann nach, nach welchem er sich auch umsah. Am Sonnabend vormittags vor der Tat war das Gefühl am stärksten. Es befiel ihn mitten auf dem Markte unter vielen Menschen mit Frostschauder und Vorstellung von Ermordung, die heute oder morgen an ihm geschehen werde, so daß er seine Begleiterin, eine Person meines Hauses, ohne ihr jedoch einen Grund zu nennen, antrieb, nach Hause zu gehen. Er hatte bestimmt die Vorstellung von Erschlagenwerden (nicht z. B. von Erstochenwerden). Die Vorstellung, daß er in seiner Wohnung ermordet werden solle, hatte er nicht, er fühlte nur im allgemeinen Angst vor Ermordung. Bis zum Sonnabend ward es mit jedem Tage ärger; gleich als er am Sonnabend aufwachte, befiel es ihn mit der größten Stärke, und höchst schmerzhaft wurde ein grabendes Gefühl in der Brust. Nicht lange vor der Begebenheit klagte er mir Unwohlsein und bat um Erlaß einer Lehrstunde, die er außer Hause zu nehmen hatte, dabei sagte er, es sei ihm so heiß; und ich meine ihn noch vor mir stehen zu sehen, wie er mit der Hand nach dem Kopf griff oder deutete. Ich schrieb dies einer andern Ursache zu; es war wohl die mir unbekannte Ängstigung, die ihm das Blut in den Kopf trieb. Es könne sich niemand vorstellen, erzählte er nachher, wie ihm gewesen sei. Als ich fragte, ob es bis zur Zeit des Mordanfalls an diesem Morgen gleich geblieben oder gestiegen sei, antwortete er, damals habe es nicht ärger werden können. Wahrscheinlich war es die sich aufs höchste spannende Angst, die ihn zu ungewöhnlicher Zeit zu Stuhle trieb*), als ihm der Mörder in Erwartung, daß *Hauser,* wie gewöhnlich, um diese Stunde ausgehen würde, auflauerte, wodurch es kam, daß die Begebenheit am Abtritt vorfiel. Als er den Unbekannten heranschleichen hörte, hatte er zwar nicht das bestimmte Bewußtsein, daß es der Mörder sei, doch, sagte er, sei es ihm «ganz dumm» geworden. Jenes Angstgefühl scheint bei naherückender Gefahr in eine Art von Betäubung übergegangen zu sein.

XI. Der Mordversuch

Was ich über diese dunkle Begebenheit in Folge von *Hausers* und der Meinigen Aussagen und meinen eigenen Beobachtungen beibringen kann, ist folgendes. Ich selbst war bei *Hausers* Verwundung nicht zu Hause, sondern bloß zwei mir verwandte weibliche Personen.

In meine Wohnung führte damals bis zur Treppe, an einer Holzkammer vorbei, ein langer im Winkel laufender Gang; unter der Treppe befindet sich ein Abtritt, vor welchem eine spanische Wand stand. Als sich *Hauser* vor elf Uhr vormittags in diesem Abtritte befand, hörte er die ungefähr zwanzig Schritte weit entfernte Türe der Holzkammer öffnen, darauf leise die daneben befindliche Hausglocke ertönen. Der Mörder hatte offenbar in der Holzkammer gelauert, wahrscheinlich um, wenn *Hauser* um elf

---

*) *Hauser* selbst schrieb diesen Stuhlgang einer Nuß zu, die er ungefähr eine Stunde vorher gekostet hatte und die ihm übel bekommen war. Ist dieses so, so scheint es zu den Erscheinungen der wieder erhöhten Empfindlichkeit zu gehören, von der oben die Rede war, da sich früher seine in den ersten Zeiten allerdings häufig solche Erscheinungen bietende Empfindlichkeit bereits sehr vermindert hatte.

Uhr, wie er pflegte, eine Lehrstunde zu besuchen ginge und vor der Holzkammer vorbeikäme, ihm entgegenzustürzen. Ich aber hatte ihm für diesen Tag jene Lehrstunde erlassen; ein glücklicher Umstand, da sonst *Hauser* wohl zum Tode getroffen worden wäre. Der Mann scheint nun *Hauser* auf den Abtritt gehen gehört und darnach seinen Plan geändert zu haben. Wahrscheinlich war er nicht ohne Kunde von den Bewohnern meines Hauses, wußte vielleicht sogar, daß ich damals nicht zu Hause war. Er konnte somit aus *Hausers* männlichem Tritte vermuten, wer er sei, und die Gewißheit darüber konnte ihm *Hausers* nachheriges Rufen geben. Er langte, was leicht geschehen konnte, an die Klingel, als er sich schon im Hause befand, um, wie es scheint, *Hauser* vorzulocken. *Hauser* meinte, eine Person des Hauses sei in der Holzkammer, und rief ihr zu, sie solle die Haustüre öffnen, da man die Glocke gezogen. Hierauf kam der Mann mit leisen Schritten vorgegangen, und *Hauser,* der ihn durch die spanische Wand hindurch erblickte, glaubte, des schwarzvermummten Gesichts wegen, es sei der Schornsteinfeger. Jener trat in den engen Raum zwischen die Mauer und die spanische Wand und führte mit einem Hackmesser quer auf *Hausers* Stirne einen Streich in den Abtritt hinein. Durch eine Zurückbeugung *Hausers* wurde die Wirkung des Hiebes geschwächt; auch kam der Mann nach *Hausers* Beschreibung so zu stehen, daß er die Mauer und den Abtritt im Rücken hatte und den Streich rückwärts mit der linken Hand führen mußte, so daß derselbe notwendig in die Quere ging. Der Mann hatte die unbequeme Stellung wohl deshalb gewählt, um keinen Augenblick am freien Umherblicken gehindert zu sein, und wurde vor Vollendung des Mordes vielleicht durch das Geräusch eines auf den Treppen oder auf dem Söller des Hauses oder im anstoßenden Hofe gehenden Menschen hinweggescheucht, in welchen, zweien Wohngebäuden gemeinschaftlichen Hof man von der Stelle aus, wo der Mann den Hieb führend zu stehen kam, sogar durch ein Gitterfenster sehen kann und in welchen gleich neben diesem Fenster eine damals unverschlossene Türe führt, so daß der Mann von zwei Eingängen her bedroht war. Leicht auch konnte der Mann den schwerverwundeten, mit Blut übergossenen *Hauser* wirklich zum Tode getroffen zu haben glauben, und wer kann überhaupt die psychische Verfassung bestimmen, in der er sich im Augenblicke der Tat oder gleich nach derselben befand? *Hausers* Verwundung war in Beziehung auf die hohe Reizbarkeit seines Nervensystems so bedeutend, daß sein Wiederaufkommen zweifelhaft war. Nichts war in der Nähe, worauf er etwa fallen und sich selbst auf solche Weise hätte verwunden können. Niedergestürzt, muß er, nach dem vielen an der Stelle vergossenen Blute zu urteilen*), lange gelegen sein, bis er sich aufraffte und die Treppe hinaufging, um in das Zimmer meiner Mutter zu kommen. Allein die Betäubung, in der er war, machte, daß er statt dessen in sein eigenes Zimmer kam. An einem vor diesem an der Türe stehenden Schranke waren ganz deutlich die Spuren der blutigen Finger zu sehen, mit denen er sich an ihm angehalten hatte. Aus seinem Zimmer heraus geriet er, statt, wie er sollte, eine Treppe höher zu steigen, wieder die untere Treppe hinab und floh endlich von dunkler Angst gejagt in den Keller. Neben diesem Keller eröffnet sich in der Tiefe ein finsteres Gewölbe, dessen Boden mit Wasser überflossen ist. Als *Hauser* in dieses Wasser trat, kam er wieder zur Besinnung, bemerkte in einem Winkel das einzige trockene Plätzchen des Gewölbes und setzte sich dahin. Nun folgte Erbrechen; er hörte *zwölf* Uhr schlagen und dachte, hier werde ihn niemand finden, da werde er sterben müssen. Dann fiel er in Besinnungslosigkeit, und in diesem Zustande wurde er gefunden, da die Blutspuren in das Kellergewölbe geführt hatten. Als man ihn ins Bett getragen hatte, verlangte er zu mir nach Hause gebracht zu werden. Ich war eben

---

*) Das Blut floß unter einer Tür weg, an welcher *Hauser* niedergestürzt war, in einen benachbarten Garten und häufte sich hier in einer vertieften Stelle an.

nach Hause gekommen, und als ich ihm deutlich gemacht hatte, daß ich zugegen sei (seine Augen waren erblindet), erzählte er in abgebrochenen Worten*) den Hergang der Sache, worauf er bald wieder in Besinnungslosigkeit fiel, die nun zwei Tage lang mit von Zeit zu Zeit ausbrechenden Paroxismen anhielt, in denen mehrere starke Männer Mühe hatten, ihn zu bändigen. Auch wenn die Wunde im geringsten berührt wurde oder ein Lichtschein auf seine Augen fiel, kamen die Anfälle.

XII. Einiges, was in Folge des Mordversuchs geschah

Während sich *Hauser* in diesem besinnungslosen Zustand befand, schickte mir der Arzt (Dr. *Preu*) ein mit homöopathischer Akonit-verdünnung befeuchtetes Streukügelchen, um *Hauser* daran riechen zu lassen. Ich nahm von dem Gläschen, in welchem das Kügelchen lag, den Stöpsel, setzte nur einen Augenblick lang einen neuen reinen darauf und hielt ihn sodann gegen *Hausers* Nase**). Sogleich fuhr dieser auf, tobte sehr, und die Anfälle wiederholten sich schnell nacheinander mit Ungestüm. Dabei stieß er Worte aus, die zeigten, er habe ein Bewußtsein davon, daß etwas mit ihm geschehen sei, z. B. «stinkt, stinkt» – «warum mir

---

*) Sie lauteten ungefähr folgendermaßen: «Professor erzählen» (d. h. er wolle es mir erzählen) – «Abtritt» – «Mann schlagen» – «schwarzer Mann» – «wie in der Küche» (er war einmal vor einem Schornsteinfeger in der Küche sehr erschrokken) – «ich Mutter sagen» (d. h. er habe es meiner Mutter sagen wollen) – «nicht gefunden» – «in mein Zimmer gekommen» – «hinunter» – «in Keller versteckt.»

**) Viele vorausgegangene Erfahrungen bestimmten zu so vorsichtiger Verfahrungsart, wie man aus späterhin folgenden Darstellungen ersehen wird.

so garstige Sachen geben?»*) und so weiter. Dann rief er nach mir, daß ich helfen und abwehren solle. In ungefähr zehn Minuten verminderten sich jedoch die Anfälle, und er wurde so ruhig, daß die Wärter in ihrer Aufmerksamkeit nachließen und glaubten, es würde nichts mehr geschehen. Plötzlich aber brach er los und riß sich den Verband herab, nach welchem er schon sonst in den Paroxismen zu greifen versucht hatte. Man hatte nämlich früher einen Umschlag mit Leim gemacht, und wahrscheinlich war der hart gewordene Leim, der auf der empfindlichen Stelle einen großen Reiz verursachen mußte und so die Heilwirkung der Arznei vernichtete, die Ursache des neuen Ausbruchs. Ein wiederholter Versuch mit Riechenlassen wurde nicht gemacht**).

Als das Bewußtsein zurückkehrte, verlangte er nach mir und erzählte in der reinsten Aussprache und in gewählten, oft fast poetischen Ausdrücken zusammenhängend und periodisch, wie er nie zuvor getan (früher hatte er sich den baierischen Volksdialekt nie ganz abgewöhnen lassen) das Vorgefallene, indem er scharfsinnige Vermutungen und Erklärungen untermischte. Er war in einem erhöhten Zustande, den mit mir auch Herr Dr. *Osterhausen* beobachtete. Auch fand sich, daß er gegen Metall, Glas und Animalisches wieder so empfindlich war wie früher***). Noch im

---

*) Er sprach in den Paroxismen in der abgebrochenen und mangelhaften Weise früherer Zeit, indem er die Sätze mit Infinitiven bildete. Z. B. «Warum du mich schlagen?» statt: Warum schlägst du mich? oder: warum hast du mich geschlagen? Auch ließ er wieder seinen früheren Dialekt hören: z. B. «Julli weck! nit alles zammareissen!» (er meinte einen Knaben, namens Julius, der ihm einst öfters seine Spielsachen zerstört hatte). Dagegen sprach er nach Rückkehr der Besinnung ungewöhnlich rein und gut (siehe unten).

**) Der hier mitgeteilte homöopathische Fall ist einer der geringsten. Die Darlegung aller derjenigen, die mir zu Papier zu bringen möglich geworden ist, wird unten folgen.

***) Diese Empfindlichkeit hatte sich, seitdem er an Fleischkost gewöhnt worden war, gänzlich verloren.

Zustand der Sinnlosigkeit schauderte er zurück, als man einen silbernen Löffel, mit dem man ihm Wasser geben wollte, dem Munde näherte, aus der Schale aber trank er mit solcher Wut, daß er ein Stück davon abbiß und zum Teil verschluckte. Er war schon auf dem Weg zu sich zu kommen und erkannte einen Eintretenden; da dieser aber parfümiert war, fühlte er, wie er sich später noch erinnerte, großes Unwohlsein von dem Dufte und fiel wieder in tobendes Phantasieren. Da er mir später klagte, daß er große Schmerzen habe und seine Finger aufgeschwollen seien und ich, die Ursache vermutend, ihm die Ringe, wiewohl mit Mühe, von den Fingern zog, verschwanden jene Beschwerden. Als er noch nicht lange zu sich gekommen war und jemand, den Mesmerismus anwendend, ihm mit den Händen die Brust herunter zu streichen anfing, bewog ich diesen zwar sogleich, von seinem Vorhaben abzustehen, dennoch klagte der Kranke darauf über Vermehrung der Schmerzen und hatte bald wieder einen Paroxismus. Bald bot sich mir jedoch die Gelegenheit dar, den Mesmerismus mit großem Nutzen in Anwendung zu bringen, indem ich unter den zu Wärtern und Wächtern bestellten Männern einen fand, der allem Anschein nach rein (sowohl apsorisch als unvenerisch), gesund*) und sehr robust, dabei wohlwollend gegen *Hauser* gesinnt, mir hiezu tauglich schien. Ich ließ ihn die Hände auf die mit einem wollenen Wams bekleideten Arme *Hausers* legen, worauf Linderung der Schmerzen und allgemeines Wohlseinsgefühl erfolgte. Das zweite Auflegen hatte Einschläferung und den ersten erquickenden Schlummer zur Folge. Den folgenden Abend (20. Oktober), als sich der Mann, der ihm auf mein Ansuchen jetzt für beständig beigegeben wurde, wieder einfand, machte ein kurzes Auflegen, daß er urinieren konnte, was er sonst bei vielem Trinken zu seiner Beschwerde nicht sobald vermochte. Bald dar-

*) Über den Einfluß der in andern Organismen latenten Miasmen auf *Hauser* bei Annäherungen und Berührungen werde ich in der Folge handeln.

auf fiel er, wie den vorigen Tag, in einen kurzen erquickenden Schlummer, worauf ihm um recht vieles besser war. Der nachher erfolgende Nachtschlaf war gleichfalls sehr gut und lang. Auf der bloßen Hand konnte er des Mannes Hand nicht leiden, auch nicht auf der bekleideten Brust, die jetzt der schmerzlichste Teil des Körpers war, die Auflegung auf den untern Teil der Arme aber zog nach seiner Aussage die Schmerzen von der Brust hinweg, eine später öfters vorkommende Erscheinung. Die Wirkung äußerte sich bei Auflegen der Hände, sobald dadurch Wärme entstand. Als der Mann einmal mit der Hand ein wenig herabrückte, fing Hausers Hand zu zittern an, und es entstand Kopfschmerz. Ein erneutes ruhiges Auflegen ließ beides fast sogleich verschwinden. Auch dieses Auflegen jedoch durfte nicht lange und nur nach Wunsch des Kranken geschehen, wenn es ihm wohltätig sein sollte. Verschwinden der Müdigkeit, leichteres Urinieren, Schlaf und Linderung der Schmerzen war fortwährend die Folge dieses Auflegens. Vorzüglich wohltätig war es ihm, dem Mann in die Augen zu schauen, was er oft sehr lange tat. Schon ein kurzes Anblicken verminderte ihm die Lichtscheu der Augen. Am empfindlichsten war er wieder gegen mich (vergl. oben in I. und II.). Wenn er mich ansah, taten ihm die Augen weh. Wenn ich mich ihm stark näherte, z. B. mich seinem Ohre, um ihm etwas zu sagen, zuneigte, bekam er Frost. Eine Person, die eine Zeitlang an seinem Bette stand, empfand er sehr übel und bekam dadurch Aufstoßen mit Heraufkommen bittern Wassers aus dem Magen. Von einer Katze empfand er Ziehen, dann unangenehmes Abstoßen. Als er in den Spiegel schaute, empfand er in der Wunde und in den Augen ein starkes Ziehen zum Spiegel hin; es war ihm, als stürze Blut aus der Wunde, und im Körper fühlte er Frost. Das Quecksilber des Spiegels bewirkte dies (Quecksilber wirkte unter den Metallen am stärksten auf *Hauser*). Als der Arzt einmal bei Behandlung der Wunde ober und unter derselben mit vier Fingern die Stirne drückte, bekam er an den vier gedrückten Stellen schmerzliche Geschwülste. Beim Pulsfühlen fühlte er Schmerzen in allen Gliedern.

Seit seiner Verwundung hatte er am 22. Oktober noch keine Öffnung gehabt. Da jetzt ein Individuum gefunden war, welches wohltätig auf *Hauser* zu wirken vermochte, so verfiel ich darauf, einen Versuch mit magnetisiertem Wasser zu machen. Wasser auf gewöhnliche Weise magnetisieren und ihn trinken zu lassen, war nicht zu wagen; ich durfte zur Probe nur höchst behutsam anfangen. Ich ließ den erwähnten Mann die Hand ein paar Augenblicke lang über eine mit Wasser gefüllte Tasse halten und *Hauser* an diesem Wasser riechen. Er rieche nichts, sagte er. Nun ließ ich des Mannes Hand über dem Wasser ein wenig zurückstreichen. Da *Hauser* hierauf ein paarmal gerochen hatte, sagte er, das sei sonderbar, er rieche nichts, und doch werde ihm im Kopfe besser*), – er war nämlich gewohnt, bei Arzneiwirkungen eine bestimmte Geruchsempfindung zu haben, und eine solche erregten ihm auch die feinsten für gewöhnliche Menschen geruchlosen homöopathischen Arzneigaben (siehe unten). Zugleich fing er an in seinem Leibe eine Bewegung zu spüren. Er bekam nun Begierde, das wohltuende Wasser zu trinken, was ich nicht zuließ. Ich leerte, bevor ich aus dem Zimmer ging, so daß er es zufällig nicht bemerkte, die Tasse rein aus und füllte sie mit frischem Wasser, damit kein Mißbrauch damit getrieben werden könne. Als ich hinausgegangen, trank *Hauser* die Tasse aus und verwunderte sich, keine weitere Wirkung darauf zu verspüren. In etwa einer Viertelstunde kam abends reichlich Öffnung, doch mit schmerzlicher Anstrengung; eine nochmalige in den ersten Nachmittagsstunden des folgenden Tages. Jedesmal kam nach der Öffnung

---

*) Gleich beim ersten Riechen, wie er mir nachher sagte, ward ihm im Kopfe leichter, und es war ihm, als ziehe sich etwas den Kopf herab bis zum Magen, wo eine drehende Empfindung begann. Bei Wiederholung des Riechens wurden diese Empfindungen stärker.

Aufstoßen, was sonst nie der Fall gewesen war. Ich hatte ihm nicht gesagt, daß ich durch jenes Wasser Öffnung bewirken wollte, er aber hatte das bestimmte Gefühl, daß dies die Ursache derselben gewesen sei*). Das Befinden wurde nachher um sehr vieles besser, er verließ ein paarmal auf kurze Zeit das Bett und versuchte frei zu gehen. Die Brust war freier, die Empfindlichkeit nahm sehr ab. Am 23. Oktober konnte er auf seiner bloßen Hand die jenes Mannes eine kleine Zeitlang mit bestem Erfolge leiden.

Von nicht weniger leiberöffnender Folge war es später einmal, als ich ein kleines Arzneigläschen mit frischem Wasser füllte, jenen Mann dasselbe etwa eine Minute lang in der Hand halten und *Hauser* daran riechen ließ. Auf einmaliges Riechen stieg ihm die Wirkung in den Kopf, dann senkte sie sich herab, es entstand eine Bewegung im Unterleibe, und in ein paar Minuten folgte Stuhlgang (18. November). Als ich einmal ein solches mit Wasser gefülltes Gläschen, das der Mann in der Hand gehalten, mit Kork verschlossen im Zimmer hatte stehen lassen, um gelegentlich zu sehen, ob es späterhin noch eine Wirkung zeige, nahm *Hauser,* dem das Riechen wohltat, das Gläschen, das schon mehrere Stunden gestanden hatte, und hielt es sich unnötigerweise geöffnet an die Nase. Die nächste Wirkung war dieselbe, es erfolgte Stuhlgang darauf, nachher aber Verschlimmerung des Befindens. In der Erstwirkung war *Hausern* dieses Wasser wohltuend, wie ein Potenziermittel, daher die Lust dazu; es steige ihm, sagte er, wie Weinduft in den Kopf, aber die Wirkung des letzteren gehe schneller vorüber und bringe keine Bewegung im Leibe hervor. Sowohl im Kopfe als im Unterleibe sei ihm die Wirkung des Wassers äußerst angenehm, er wisse gar nicht, was ihm wohler tue.

---

*) Auch kann ich versichern, daß das zu Stuhl Gehen nicht bloßes Vorgeben war.

XIII. Krätzansteckung durch Anhauch

Diese Ansteckung ist um so merkwürdiger, da sie sich zweimal durch den Hauch – nicht mit dem Urausschlag der Krätze, sondern nur mit *innerer Krätzkrankheit* behafteter Personen ereignete, ein Faktum, welches für Hahnemanns große Entdeckung mächtig spricht und einzig durch sie erklärbar ist.

Im Dezember 1828 wurde er von jemand, der, wie ich von diesem selbst weiß, vor mehreren Jahren skabiös gewesen, angeblasen, und es erzeugte sich an der angeblasenen Seite des Gesichts ein juckendes und brennendes Bläschen, das nach einer Stunde aufging und gelbliche Feuchtigkeit ausfließen ließ. Ungefähr drei Wochen nachher, am 12. Januar, war er dem starken Anhauch eines mit ziemlich entwickelter Psora Behafteten, der mit Lachen gegen ihn herausplatzte, ausgesetzt, und wieder an der angehauchten Seite des Gesichts brach in kurzem ein Eiterbläschen hervor. Unmittelbar beim Anblasen oder Anhauchen hatte er wie das erstemal an der Stelle, wo das Bläschen hervorbrach, ein Brennen empfunden. Ungefähr eine Stunde nachher traf es sich, daß er mit etwas, was an Schwefelfaden angelegen oder angerieben war, ans Gesicht und an das Bläschen kam. Sogleich ließ das Jucken nach, das Bläschen nahm, wie ich selbst bemerkte, sichtbar ab und war nach drei Viertelstunden verschwunden. Am folgenden Tag kam neben der Stelle des vertriebenen Bläschens ein neues hervor, verschwand aber bald wieder, als *Hauser* ausging (wahrscheinlich durch die kalte Luft), ohne aufzugehen. Über den zweiten Fall bin ich durch eigene Beobachtung gewiß, den ersten habe ich aus *Hausers* Mund, der mir, erinnert durch die zweite Ansteckung, von der ich Zeuge war, davon erzählte. Sehr lang nach beiden Vorfällen, bei einem andern Anlaß, gab mir *Hauser* über diese Erscheinungen folgendes Nähere aus der Erinnerung an.

Erstes Bläschen: Nach dem Anhauchen fühlte er an der angehauchten Stelle ein Brennen, das über eine Stunde dauern mochte, dann hörte das Brennen auf, deshalb sah er in den Spiegel und bemerkte ein Aufgeschwollensein der Stelle und nach einiger Zeit ein weißes Bläschen. Vor dem Niederlegen ging es auf, und gelbliche Flüssigkeit ging heraus. Am andern Tag war bis zum Mittag nichts mehr zu bemerken.

Zweites Bläschen: Nach dem Anhauchen starkes Brennen; etwa nach einer halben Stunde erscheint ein Bläschen, welches juckte, auf das Reiben daran folgte Brennen und Wehetun; das den andern Morgen hervorkommende juckte noch stärker. Nachdem das Bläschen auf den Arzneigeruch (siehe unten) aufgegangen, blieb es zwei Tage lang offen, und zuweilen ging eine helle gelbliche Flüssigkeit heraus.

Das Reiben an dem ersten Bläschen war weniger wohltuend als am zweiten, und das Brennen erfolgte schneller, das Reiben war *so wohltuend, daß er die Augen zublinzte.*

Diese späten Erinnerungen sind zwar unzuverlässig, doch sieht die Angabe, daß er beim Reiben die Augen habe schließen müssen, weder wie Erfindung noch wie Gedächtnisirrtum aus. Es ist ohne Zweifel jenes der Krätze eigentümliche wollüstige Jucken gewesen, auf welches Brennschmerz folgt*).

---

*) Hahnemann (Chronische Krankh. IV. p.391) beschreibt es folgendermaßen: «Die Krätze erzeugt eine Art unerträglich angenehm kriebelnd juckenden Fressens, wie von Läusen, das auch mit dem Ausdrucke eines unleidlich wollüstigen, kitzelnden Juckens bezeichnet wird, welches sogleich, wenn man den Finger zum Kratzen ansetzt, zu jucken aufhört und zu brennen anfängt und nach dem Kratzen auf der Stelle zu brennen fortfährt.»

XIV. Homöopathische Heilversuche

Aus dem, was ich bisher über *Hausers* physische Beschaffenheit bemerkte, kann man die Vermutung fassen, daß, wenn dem homöopathischen Heilverfahren nicht nur Diät und Abhaltung medizinischer Mißhandlungen des Organismus seine Erfolge verschafft, sondern die berüchtigten und vielverhöhnten kleinen Gaben wirklich die Hauptsache bei der Heilung sind, sich dies bei keinem andern Subjekte in hellerem Lichte zeigen werde als bei dem gegen arzneiliche Einwirkungen überhaupt so beispiellos empfindlichen *Hauser*. Und wirklich ist die Empfänglichkeit und Empfindlichkeit *Hausers* für homöopathische Arzneieinwirkungen so ungeheuer befunden worden, daß sich die Homöopathie zu dieser Erscheinung, die ihre Frage aufs Unwidersprechlichste zu entscheiden vermag, Glück wünschen kann. Nie wurde *Hausern* etwas, wenn auch homöopathisch weit verdünntes, Arzneiliches eingegeben, und doch waren die Gaben, die er durch Riechen an den höchsten Potenzierungen empfing, fast alle weit über Gebühr und Genüge stark, obgleich nicht zu stark, um in bessernde Nachwirkung überzugehen. Man wird sehen, wie ich fortwährend darauf sann, die Gaben der vom Arzte verordneten Arzneien *Hausern* in immer geringerer Stärke beizubringen, wie ich zuletzt sogar darauf verfiel, ihn durch bloßes Betasten des verschlossenen Arzneigläschens den Arzneigeist aufnehmen zu lassen, und wie dabei doch noch starke Einwirkungen hervortraten. Die meisten dieser Fälle sind so entscheidend, daß nur unvernünftige Feindseligkeit die Anerkennung versagen kann, jeder aber, dem es wirklich um Erkenntnis in dieser Sache zu tun ist, wird hier zur Überzeugung zu kommen Gelegenheit haben. Die *Möglichkeit* der Wirkungen kleiner homöopathischer Arzneigaben wird dadurch so sehr bewiesen, als etwas durch Beobachtung und Erfahrung zu beweisen ist. Mit der Aushilfe, die Diät habe die Heilung bewirkt, ist hier nichts zu machen, denn aus *Hausers* Diät war nach Hahnemannschen Vorschriften nichts zu entfernen als der Genuß des stark gewürzten Brotes, welches er zu genießen pflegte, das ihm aber nicht entzogen wurde, außer daß ich ihm anfangs ein paarmal den Genuß desselben ein wenig beschränkte, was aber auch nicht nötig gewesen wäre*). Zu sagen, die Heilwirkungen seien bloß durch das ungestörte Wirkenlassen der Natur erfolgt, geht hier auch nicht an, denn hier sind nicht bloß die Heilwirkungen, sondern auch die außerordentlichen Erregungen und Verschlimmerungen zu erklären, die auf den Empfang der Arzneien folgten. Auch angenommen, daß einige der hier als Wirkungen der Arzneien aufgeführten Krankheitserscheinungen in *Hausers* empfindlichem Organismus durch andere Einflüsse erregt worden seien, so ist doch die große Menge der meist auf der Stelle nach Empfang der Arzneien sich entwickelnden Symptome durch nichts anderes als durch jene selbst erklärbar. Wollte man meinen, *Hausers* Einbildung habe hier eine große Rolle gespielt, so ist dagegen zu bemerken, daß ich ihn öfters täuschte und Unarzneiliches für Arzneiliches gab, worauf keine Wirkung erfolgte. Dies und die vielen nicht willkürlich hervorzurufenden, äußerlich wahrnehmbaren, von mir, dem Arzte und andern beobachteten Erscheinungen entfernen ebensosehr den Verdacht des Betrugs von *Hauser,* auch ist die Übereinstimmung der Erstwirkungen, die bei *Hauser* hervortraten, mit denen, welche nach Hahnemanns Darstellung von denselben Arzneien bei Gesunden erregt werden (man sehe nur die

---

*) Wie wenig Einfluß das Gewohnte und zum Bedürfnis Gewordene auf die Wirkung wenigstens der Antipsorica hat, habe ich oft zu beobachten Gelegenheit gehabt. Ich sah viele der unzweifelhaftesten Erfolge von kleinen Gaben dieser Arzneien, selbst solcher, die weit über die dreißigste Verdünnung (Decillion), die über die *sechzigste* und *neunzigste* hinaus gebracht waren, bei empfindlichen Subjekten, die zweimal, ja dreimal des Tages ihren unentbehrlich gewordenen Kaffee tranken und die an vieljährig alten Übeln litten, gegen welche sie seit vielen Jahren aufgehört hatten, die als fruchtlos erkannte Kunst der Ärzte anzurufen.

unten folgenden Vergleichungen), sowie das Eintreffen vieler den einzelnen Arzneien eigentümlicher Heilwirkungen*) sehr auffallend. Es gilt hier alles, was ich in der Vorrede über die an *Hauser* beobachteten außerordentlichen Erscheinungen überhaupt bemerkt habe. Wollte man sagen, es möchten wohl wirkliche homöopathische Arzneiwirkungen bei *Hauser,* als einem Individuum von ganz außerordentlicher Beschaffenheit, stattgefunden haben, deswegen sei man aber nicht gezwungen zu glauben, daß solche Wirkungen von so weit verdünnten Arzneien auch bei Menschen von nicht so außerordentlicher Natur erfolgen können, so ist darauf aufmerksam zu machen, daß hier die noch weit größere Verringerung der Gaben und die dennoch durch sie erfolgten großen Wirkungen das Verhältnis völlig ausgleichen. Bei *Hauser* wirkte oft die Annäherung eines Fingers an das verschlossene Arzneigläschen so viel, oder noch mehr und auffallender, als bei gewöhnlichen Kranken das Einnehmen einer gewöhnlichen Arzneigabe zu wirken pflegt. Hier ist nicht mehr von Einnehmen bis zu Decillionteilen verminderter Substanzen, nicht einmal von Einatmen des Duftes derselben die Rede; die nicht abzuleugnende Wirkung entzieht sich hier allem äußerlichen Begreifen und Vorstellen. Durch ein verschlossenes Glas hindurch ergreift der Arzneigeist fühlbar und entschieden einen nur angenäherten Teil des Organismus, erregt auffallende Verschlimmerungen und wirkt Tage, Wochen, Monate lang. Überdies ging ich zum Teil in Verdünnung der Arzneien weit über Decillion hinaus und ließ *Hauser* z. B. an die mehr als hundertste Verdünnung der Silicea nur den Finger nähern. Wenn man sich aus Obigem erinnert, wie Düfte weit gröberer Art als die homöopathischen, z. B. der der

*) Hahnemann gibt z. B. als durch Calcarea zu heilen an: «Große Fettigkeit und Dickwerden bei Jünglingen» (Chron. Krankh. II. p.66); und auf Calc., die in dieser Beziehung gegeben wurde, verschwand auch wirklich auf sehr auffallende Weise *Hausers* damalige Fettigkeit.

starken tinct. Bestuscheff. auf *Hauser* zwar heftig, aber doch bald vorübergehend wirkten, und damit die durch homöopathische Gerüche bewirkten wochenlangen gewaltigen Aufregungen und tiefeingreifenden Nachwirkungen vergleicht, so wird man eine Ahnung von der Natur und Gewalt jener durch Hahnemanns Genie aufgeschlossenen Arzneikräfte und ihres eigentümlichen Verhältnisses zum kranken Organismus bekommen.

Man wird finden, daß man es überall, wenn *Hauser* eine homöopathische Arznei erhielt, darauf ankommen ließ, bis er irgend eine Wirkung verspürte, z. B. wenn man ihn riechen ließ, bis er die Arznei roch. Nun ist es zwar in sonstiger Praxis keineswegs nötig, daß ein Kranker, den man an eine homöopathische Arznei riechen läßt, auch eine Geruchsempfindung davon bekomme, auch sind ja die Arzneien in der Form, in der sie der Homöopathiker zu geben pflegt, für gewöhnliche Geruchsorgane geruchlos, allein für *Hausers* höchst gesteigertes Empfindungsvermögen haben nicht nur noch die mit den verdünntesten Arzneien befeuchteten Streukügelchen einen bestimmten Geruch, sondern, was arzneilich auf ihn wirkt, gibt sich seinem so hoch gesteigerten Empfindungsvermögen auch sogleich auf bestimmte Weise kund. Wenigstens ist es mir bei meinen vielen Beobachtungen nie anders vorgekommen. Einmal roch er zwar die Arznei nicht, weil er einen falschen Geruch in der Nase hatte, empfand sie jedoch auf andere Weise (siehe unten Nr. 12), so wie er beim Riechen an magnetisiertem Wasser zwar nichts roch, aber doch sogleich die Wirkung desselben im Kopfe und Leibe zu empfinden begann. Außerdem, wie sich schon aus Versuchen ergab, die vor der hier dargestellten Behandlung gemacht wurden, waren ihm beim Riechen homöopathischer Arzneistreukügelchen dreierlei Gerüche empfindbar und unterscheidbar: 1) ein *süßer* (also der des Zuckers im Kügelchen), 2) ein geistiger (ohne Zweifel der des Weingeistes), 3) einer, *den er entweder gar nicht zu beschreiben wußte oder mit andern ihm bekannt gewordenen Gerüchen besonderer Art ver-*

glich. Die ersten beiden Gerüche waren bei allen Kügelchen gleich,
der dritte war von verschiedener Art. Dieser war ihm der empfind-
lichste, kehrte ihm auch während der Fortwirkung einer Arznei
und bei erneuerten Erstwirkungen derselben noch nach Wochen
öfters von selbst zurück. Offenbar war dieser dritte der der Arznei
selbst. Die Leugner der homöopathischen Arzneiwirkungen halten jene weit verdünnten Arzneien in Beziehung auf den Organismus für gar nichts; hier zeigte sich gerade von ihnen der Geruch
am empfindbarsten und vor dem des unverdünnten Weingeistes
(dem wein- oder branntweinartigen, nach *Hausers* Angabe) vor-
herrschend. Bei mehreren Streukügelchen, die man ihm einmal zu
riechen gab und die mit Arzneien, die ich mir nicht aufzeichnete,
(wenn mir recht ist, mit lauter nicht antipsorischen) befeuchtet
waren, roch ihm *Gold* am stärksten.

Hahnemann wandte früher, nachdem er das Prinzip der
Homöopathie schon gefunden, seine Mittel noch in der Gabe der
ältern Schule, ja in noch größerer an. Da er dadurch enorme
Verschlimmerungen bekam, wurde er zur Verringerung der
Gaben und endlich zu dem Grade derselben bestimmt, der so sehr
den Spott der Welt erregt. Einen ähnlichen Gang wird man auch in
nachfolgenden Versuchen finden, die mit einem beispiellos empfindlichen Subjekte angestellt wurden, wiewohl hier schon mit
Million- und Decillionteilen begonnen wird, die aber, auch nur
durch den Geruch empfangen, für *Hauser* noch von ungeheurer
Stärke waren, wovon sich anfangs weder ich noch ein anderer
etwas hatte träumen lassen. Nachher ließ man ihn bloß am Stöpsel
des Arzneigläschens riechen, man verringerte die Gaben durch
bloßen Duft durch mehrere Gläschen hindurch, man machte
Verdünnungen, die über die Hahnemannschen hinausgingen, man
kam endlich darauf, selbst das Riechenlassen aufzugeben und den
Duft nur an einen Finger gehen, zuletzt den Finger gar nur an das
verschlossene Gläschen annähern zu lassen. Hätte mir früher
jemand ein solches Verfahren beschrieben, so würde ich es wahr-

scheinlich für ein Tun der Verrücktheit gehalten haben. Nun aber hatte mich der Wunsch, *Hausern* die erschütternden Primärwirkungen zu ersparen, allmählich bis zu diesem letzten geführt, indem der mir befreundete Arzt, der sich seiner vielen Geschäfte wegen nicht so wie ich der Beobachtung *Hausers* hingeben konnte, mir öfters die Ausführung des von ihm Verordneten oder Gebilligten überließ.

Die Antipsorica, die *Hauser* in den Fällen II, III und IV erhielt, waren von Arzneibereitungen, die in flüssiger Form zugeschickt worden waren, also durch den Transport höher, als sein soll, potenziert. Die später angewandten Arzneien hatte ich von Herrn Dr. Groß aus Jüterbock in Pulverform erhalten. Die nicht antipsorischen Arzneien, die *Hauser* vom Arzte erhielt, waren noch nach älterer Vorschrift mit mehr als zwei Schüttelschlägen potenziert worden. Wenn von Streukügelchen die Rede ist, so sind nicht die feinsten, sondern größere gemeint. Einer meiner Freunde hat die Schwefelsymptome in Hahnemanns Arzneimittellehre mit den Wirkungen verglichen, die sich nach Riechen an Schwefel bei *Hauser* kundgaben, und die verglichenen Nummern unter den Text gesetzt. Ich würde diese Vergleichung durch die ganze folgende Darstellung durchgeführt haben, wenn ich mich meiner Augen zum Lesen bedienen könnte.

Durch oben beschriebene Krätzansteckung veranlaßt, besprach ich mich mit den homöopathischen Ärzten, den Herren Doktoren *Preu* und *Reuter* zu Nürnberg, über *Hausers* ärztliche Behandlung. Man beschloß einen Versuch mit Riechenlassen homöopathischer Arzneien zu machen. Vor der Behandlung waren bei *Hauser*, außer der allgemeinen außerordentlichen Reizbarkeit, Empfindlichkeit und Schwächlichkeit seines Organismus und einer großen Gesunkenheit der Geisteskräfte, die seit der Gewöhnung an animalische Kost eingetreten war, folgende chronische Krankheitsbeschwerden obwaltend:

Früh beim Erwachen tun die Glieder weh, besonders beim Berühren.

Schwere in den Gliedern.

Nach dem Aufstehen unheiter, müde und schwer; düster im Kopf, Bedürfnis des Kopfwaschens.

Erst ein paar Stunden nach dem Aufstehen wird ihm wohler; das Unwohlsein kommt jedoch den Tag über zuweilen wieder.

Reißen in den Gliedern und im Kopfe.

Kneipen im Leibe, hauptsächlich nach Tische.

Der Unterleib schwer und hart nach dem Essen.

Harter und unregelmäßiger Stuhl, der öfters zwei Tage aussetzt.

Beständige Mattigkeit des ganzen Körpers und Schwere im Kopf.

Augenschwäche, Trockenheit, Brennen der Augen, Empfindlichkeit derselben gegen Kerzen- und Tageslicht.

Unaufgelegtheit zum Denken und Arbeiten; schweres Begreifen.

Brustdrücken.

Urin abwechselnd trüber und klarer (aber nicht so klar als später bei der Behandlung).

Nachtschwitzen*).

1. Sulphur

Man ließ ihn am 13. Januar an bis zur Millionpotenz gebrachtem Schwefel (in Pulverform) riechen. Als er das geöffnete Gläschen noch fern von der Nase hielt, sagte er schon, es dringe ihm ein starker, scharfer Geruch (ungefähr wie von Alaun, setzte er später hinzu) in die Nase und in den Kopf, und an der Stelle des verschwundenen Bläschens fange es wieder an zu brennen. In nicht ganz 10 Minuten, was ich selbst beobachtete, war das

---

*) Einiges zur Ergänzung dieses Krankheitsbildes ist in *Hausers* unten folgenden Angaben über die durch Sulph. bewirkte Besserung zu finden.

Bläschen ausgebildet und aufgebrochen.¹) Sogleich darauf erfolgte dünner Stuhlgang zur ungewöhnlichen Zeit, der sich nach einiger Zeit wiederholte²). Ungefähr dreiviertel Stunden nach dem Riechen kam starkes Nasenbluten³), worauf es im Kopfe, der seit dem Riechen eingenommen war⁴), leichter wurde. Den zweiten Tag darauf kam vormittags, und den dritten vormittags und nachmittags das Nasenbluten wieder. Immer war ungefähr eine Stunde vorher der Kopf eingenommen. Das letztemal kam zugleich mit der Eingenommenheit des Kopfes *Geruch aus dem Arzneigläschen von selbst wieder in die Nase, dauerte über eine Stunde nach dem Nasenbluten und verschwand nach Aufstoßen.* Der Kopf war ihm hierauf um vieles leichter als vor dem Riechen aus dem Arzneigläschen. Vor dem Aufstoßen fühlte er einen Druck in der Mitte der Stirne über den Augen⁵), dann zog sich eine schwächere Empfindung nach beiden Seiten von jenem Punkt aus bis zu den Schläfen, wo wieder Druck erfolgte; dann schien es ihm von den beiden Schläfen wie Wasser oder Schweiß über das Gesicht herab zu laufen, worauf Aufstoßen kam.

Das letztemal war das Bluten am stärksten, so daß das ganze Sacktuch sich rötete. Das Nasenbluten kam aus dem rechten Nasenloch, durch welches er hauptsächlich den Geruch aufgenommen hatte. Nach dem Nasenbluten tat die rechte Seite der Nase weh, hauptsächlich beim Befühlen⁶).

Den ersten und zweiten Tag Jucken der Nase⁷).

---

¹) Vergl. Hahnemann, Reine Arzeneimittellehre, Schwefel, Symptom No. 127 und 621.
²) Hahnemann, No. 302–307. Durchfallstuhl pflegte jedoch nach allen *Hauser* stark angreifenden Gerüchen zu erfolgen.
³) Hahnemann a.a.O. Nr. 118 2c.
⁴) Hahnemann a.a.O. No. 10 2c Eingenommenheit des Kopfes war jedoch immer die Folge, wenn er homöopathische Arzneien roch.
⁵) Hahnemann a.a.O. Nr. 20. 2c. –
⁶) Hahnemann a.a.O. No. 119.
⁷) Hahnemann a.a.O. No. 66.

Widerlicher Geruch in der Nase, wie von verbranntem Bein oder Horn[8]), drei Tage lang. Dieser Geruch blieb und verstärkte sich, als am dritten Tag der Geruch aus dem Gläschen zurückkehrte, und verschwand sodann mit diesem zugleich nach dem Aufstoßen.

Die Nase ist wie voll und verstopft[9]), er kann durch Schneuzen nichts herausbringen (den ersten Tag).

Viele wässerige Flüssigkeit geht aus der Nase ab[10]).

Öfters in der Stube Kälte in der Nase[11]), am meisten vor dem letzten Nasenbluten, dann, und hauptsächlich nach dem Vergehen des Geruchs, Wärme in der Nase.

Den zweiten Tag kam die Öffnung früher als gewöhnlich und war weich, doch nicht wässerig wie am ersten Tag.

Eingeschlafenheit des linken Beins[12]), mit starkem Zittern desselben[13]) am zweiten Tag; zuerst vormittags im Stehen, so daß er sich setzen muß, eine halbe Viertelstunde lang, dann abends, etwas schwächer und weniger lang im Sitzen. Die Empfindung ging von der Fußsohle aus mit einem kleinen Stich den Fuß hinauf, wie Ameisenkriechen, der Fuß schmerzte und konnte nicht so fest gehalten werden, daß er nicht zitterte; die Empfindung endigte mit einem Ruck.

Der Oberschenkel schmerzte beim Sitzen[14]), beim Aufstehen ist's ihm, als würden die Schenkel unter dem Gesäß zusammengezwängt[15]).

Beim Sitzen tut beständig das Gesäß weh[16]).

[8]) H.a.a.O. No. 123.
[9]) H.a.a.O. No. 387.
[10]) H.a.a.O. No. 386.
[11]) H.a.a.O. No. 703.
[12]) H.a.a.O. No. 533, 603 2c.
[13]) H.a.a.O. No. 640.
[14]) Hahnemann a.a.O. No. 544, 546.
[15]) H.a.a. O. No. 543.
[16]) H.a.a.O. No. 525.

Schmerzhafte Steifheit der Knie beim Aufstehen vom Sitzen[17]).

Am ersten Tag tut ihm beim Sitzen das linke Bein weh, er meinte, er müsse herumgehen[18]), dabei Hitze in den Beinen[19]), vorzüglich im linken (ohne Schweiß), zuweilen stärker, zuweilen schwächer. Abends heiße Füße, besonders den ersten Tag. Die Beine schwer und müde, vom Riechen an bis zum letzten Nasenbluten am dritten Tag; große Ermüdung bei wenigem Gehen[20]).

Abends im Bette und morgens die Beine vorzüglich schwer, morgens, bis er sich gewaschen hatte[21]).

Die Beine nach dem Gehen in der Mitte der Schenkel wie abgeschlagen[22]), hauptsächlich am zweiten Tag; beim Berühren schmerzhaft[23]).

Ziehen in den Beinen, hauptsächlich beim Sitzen und im Bette[24]).

Öfteres Zucken im Ober- und Unterbein[25]).

Von den Knien an schnell abwärts gehende Stiche[26]).

Nach Treppensteigen brennender Schmerz in den Knien[27]).

Andauernde Steifheit der Knie[28]).

Die Füße sind im Bett beim Aufwachen angeschwollen[29]).

Beim Auftreten spannt die Haut an den Füßen.

Beim Auftreten mitten in den Fußsohlen Schmerz, wie von Zerschneidung[30]).

[17]) H.a.a.O. No. 551.
[18]) H.a.a.O. No. 531, 636.
[19]) H.a.a.O. No. 532.
[20]) H.a.a.O. No. 643 2c. 530.
[21]) H.a.a.O. No. 536, 612, 642.
[22]) H.a.a.O. No. 531, 538. –
[23]) H.a.a.O. No. 642.
[24]) H.a.a.O. No. 535, 608–611.
[25]) Hahnemann a.a.O. No. 545,
[26]) H.a.a.O. No. 547, 2c. 578.
[27]) H.a.a.O. No. 548.
[28]) H.a.a.O. No. 534, 549.
[29]) H.a.a.O. No. 570.
[30]) H.a.a.O. No. 585, 586.

Wenn er in die freie Luft kam, wurde der Kopf eingenommen[31]).

Früh Drücken im Kopfe über den Augen, welches durch Waschen verschwand[32]).

Am dritten Tag morgens zweimaliges Niesen mit Wehtun im obern Teil der Augen, besonders beim Berühren[33]).

Druck im Kopf beim Gehen[34]) den ersten und zweiten Tag.

Die (gewohnte) Haube drückte auf dem Kopf, und wenn er sie abnimmt, ist es ihm, als säße sie noch drückend darauf[35]).

Beim Niesen ein Stich durch den Kopf von hinten nach vorn hin; nach dem Niesen ungefähr eine halbe Stunde lang Kopfweh[36]).

Brennender Schmerz nach Kratzen auf dem Kopf[37]).

Vom rechten Schlafe aus, den Kopf hinauf Schmerz und zuweilen Stiche[38]).

Abends starkes Drücken auf der Brust[39]).

Engbrüstigkeit beim Gehen im Freien. Pressen auf der Brust, welches das Atmen erschwert[40]).

Auf der linken Seite liegend kann er leichter Atem holen als auf Oder rechten.

In der ersten Nacht viermaliges Aufwachen[41]), worauf Schwindel beim Liegen auf dem Rücken[42]); beim Umdrehen auf die Seite verschwand der Schwindel, dafür kam Drücken auf der Brust[43]) (wenn er auf der rechten Seite lag, war der Druck vorzüglich

---

[31]) H.a.a.O. No. 13.
[32]) H.a.a.O. No. 24 2c.
[33]) H.a.a.O. No. 46.
[34]) H.a.a.O. No. 25.
[35]) H.a.a.O. No. 29.
[36]) H.a.a.O. No. 46.
[37]) H.a.a.O. No. 60.
[38]) Hahnemann a.a.O. No. 26 2c. 43 2c.
[39]) H.a.a.O. No. 412 2c.
[40]) H.a.a.O. No. 401 2c.
[41]) H.a.a.O. No. 666 2c.
[42]) H.a.a.O. No. 6.
[43]) H.a.a.O. No. 412.

stark), welches nach Aufstoßen verging. Beim vierten Aufwachen kein Schwindel, da er auf der Seite lag.

Die zweite Nacht zweimaliges, die dritte einmaliges Erwachen, immer mit Schwindel, aber ohne Brustdrücken beim Umdrehen.

Beim zu Bette Gehen am ersten Tag Schwindel, welcher im Bett verschwand; er taumelte[44]) wie betrunken.

Beim Einschlafen Herzklopfen.

Die erste Nacht kann er lange nicht wieder einschlafen, wenn er aufwacht[45]).

Schläfrigkeit am Tage[46]).

Wenn das Licht kam, fühlte er abends Schläfrigkeit[47]), und die Augen waren noch trockner als zuvor[48]).

Den ganzen Tag, als wenn er nicht ausgeschlafen hätte, vieles Gähnen[49]).

Leerheit im Magen, es war ihm, als müßte er essen, und wenn er essen wollte, konnte er nichts hinunterbringen[50]).

Die Augen im Freien abwechselnd trüb und hell[51]).

Beim Aufwachen und Öffnen der Augen ein Stich im rechten Auge, den ersten und zweiten Tag, den ersten Tag am stärksten[52]).

Zucken der Augenlider[53]).

Schmerzliche, brennende Trockenheit der Augen, die ersten zwei Tage[54]), die Augen röter[55]), das Licht blendet[56]). Beim Schrei-

---

[44]) H.a.a.O. No. 1–9.
[45]) H.a.a.O. No. 464 2c.
[46]) H.a.a.O. No. 655 2c.
[47]) H.a.a.O. No. 659.
[48]) H.a.a.O. No. 73 2c. 87.
[49]) H.a.a.O. No. 654.
[50]) Hahnemann a.a.O. No. 201, 203, 162.
[51]) H.a.a.O. No. 95.
[52]) H.a.a.O. No. 85.
[53]) H.a.a.O. No. 68.
[54]) H.a.a.O. No. 73 2c. 83 2c.
[55]) H.a.a.O. No. 79.
[56]) H.a.a.O. No. 91.

ben hält er wegen Unwohlseins die Hand vor die Augen (zweimal), beim Aufsehen war es, als wenn Stückchen Goldes herunterfielen.

Blaue, grüne und rötliche Streifen vor den Augen, beim Ansehen eines Gegenstandes, beim Lesen und Schreiben.

Augenbutter an den Augenwinkeln, vorzüglich des Morgens[57]).

Plötzliche Hitze im Gesicht, die bald wieder verschwindet[58]).

Morgens glühend heißes Gesicht, ohne Schweiß[59]).

Beim Erwachen Hitze im Gesicht und Frost im Leibe[60]).

Es ist ihm, als wenn im Ohr etwas auf- und abführe[61]).

Abgehen vieler übelriechender Blähungen.[62]).

Sehr trüber Urin mit dickem, rotem Bodensatz[63]).

Ungewöhnlich vieles Urinieren des Morgens[64]).

Im Freien drückt es ihn in der Schulter, als wenn er etwas Schweres trüge[65]).

Schwitzen unter den Achseln, beim Erwachen und nach Tisch[66]).

Metall, welches er zuvor wenig mehr fühlte, affizierte ihn stark, verursachte ihm Kälte und Schmerz im Arm.

Vom Ellenbogen bis zur Achsel reißender Schmerz[67]).

Schwäche und Schmerzlichkeit der Hände, daß er kaum etwas halten kann, als wäre er darauf gefallen[68]).

[57]) H.a.a.O. No. 77.
[58]) H.a.a.O. No. 99.
[59]) H.a.a.O. No. 98 2c.
[60]) H.a.aO. No. 718.
[61]) H.a.a.O. No. 109 2c.
[62]) H.a.a.O. No. 291.
[63]) H.a.a.O. No. 333–36.
[64]) Hahnemann a.a.O. No. 337–47.
[65]) H.a.a.O. No. 474.
[66]) H.a.a.O. No. 478.
[67]) H.a.a.O. No. 490.
[68]) H.a.a.O. No. 497 2c. 640.

Die Hände wie gelähmt und die Handgelenke steif[69]).

Die Adern der Hände sind, vom Riechen an bis zum Aufstoßen, die drei Tage hindurch aufgeschwollen[70]).

Einschlafen der Hände (wie Ameisenlaufen) nach Eintauchen derselben in kaltes Wasser beim Waschen[71]).

Zittern der Hände, bemerklich, wenn er Papier hält[72]).

Die Hände sind beim Erwachen angeschwollen, ihre Haut spannt, wenn er etwas anfaßt[73]).

Starkes Schwitzen zwischen den Fingern, so daß die Stellen zwischen den Fingern schwärzlich wurden[74]).

Beim Gehen im Freien schwitzen die Hände (bei strenger Kälte), so daß die Handschuhe (es waren dünne, ohne Pelz), durchnäßt werden. In der Rocktasche gefrieren diese. Früh die Glieder wie zerschlagen und ermüdet[75]).

Beim Erwachen, den Tag nach dem Riechen, war es ihm, als wäre das Bett hart und er sei nicht gut gelegen. Die Seite tat ihm weh, auf der er lag[76]).

Öfters des Tages ist ihm alles, was er tun will und tun soll, zuwider, die ersten zwei Tage[77]).

Den ersten und zweiten Tag nach dem Zittern des Beins besonders üble Stimmung[78]).

Er möchte gern Schach spielen und hat doch keine Freude daran; er spielt ungewöhnlich schlecht (den ersten Abend)[79]).

[69]) H.a.a.O. No. 496.
[70]) H.a.a.O. No. 502, 638.
[71]) H.a.a.O. No. 507, 603 2c.
[72]) H.a.a.O. No. 508, 640.
[73]) H.a.a.O. No. 503.
[74]) H.a.a.O. No. 501, 521.
[75]) H.a.a.O. No. 642 2c.
[76]) Hahnemann a.a.O. No. 612.
[77]) H.a.a.O. No. 746 2c.
[78]) H.a.a.O. No. 612.
[79]) H.a.a.O. No. 742.

Nachmittags ist das Befinden schlechter als vormittags.

Er fühlte seit dem letzten Aufstoßen von Weingeruch gar nichts Eigenes mehr, auch kein Leichterwerden des Kopfes, dagegen machte ihm Kaffeegeruch den Kopf leicht; vor dem Riechen am Gläschen war ihm darauf im Kopfe schlechter geworden.

Die Augen waren heller als zuvor, er konnte mehr mit ihnen leisten.

Die verdrießliche Gemütsstimmung, die er früher nach dem Erwachen bis zum Aufstehen hatte, und die Schwere des Kopfes, welche bis zu dem Waschen dauerte, verschwand.

Ebenso eine Schwere in den Füßen, die er des Morgens ein paar Stunden lang hatte.

In einigen Tagen nach dem letzten Nasenbluten verschwand allmählich der Schleim, den er sonst des Morgens auf der Zunge gehabt, und die Schwere, die er in der Zunge gefühlt. Er konnte Wörter mit mehr Leichtigkeit aussprechen.

Sein Gedächtnis erschien besser als zuvor.

Fleisch schmeckte ihm besser, so daß er durchaus nichts Widerliches darin fand. Er war überhaupt kräftiger.

Ein unangenehmes Gefühl, das er zuvor gehabt hatte, wenn er sich selbst irgendwo anfühlte, wurde nicht mehr verspürt. Menschen und Metalle spürte er weniger als früher, Gold gar nicht mehr, Quecksilber sehr wenig.

Wörter, die er sonst nicht hatte merken können, behielt er nun ohne Schwierigkeit.

Der Kopf wurde von Tag zu Tag leichter. Am 28. Januar war er fast so leicht wie damals, als *Hauser* noch in seinem Käfig war.

Er kann mit niedrigem Kopfkissen schlafen, ohne Kopfschmerz zu bekommen, was sonst nicht der Fall war. Sonst konnte er nie die Arme emporheben, ohne Schmerz auf der Brust zu empfinden, jetzt kann er das (wenn er die Arme über den Kopf emporhob, war es ihm, als liefe etwas die Arme herab, auf die Brust, wo es drückte und schmerzte wie von Messerstichen, dann war es ihm, als liefe es wieder von dieser in jene zurück). Die verschiedene Stärke und Beschaffenheit von Bieren einerlei Art konnte er nicht mehr durch den Geruch unterscheiden.

Statt daß sonst der Appetit mehr in Form eines gewissen Schwächegefühls sich eingestellt hatte, bekam er jetzt bestimmten, natürlichen Hunger.

Die Augen sind noch fortwährend klarer als sonst, werden aber empfindlicher, er kann sie nicht mehr so viel gebrauchen*).

Den 28. Januar nachmittags ward ihm abermals der Kopf schwer, und *es kehrte der Geruch der Arznei, wie das vorigemal (vor zwei Wochen), zurück.* Eine halbe Stunde darauf erfolgte Nasenbluten; der Geruch verging allmählich ohne Aufstoßen. Nach dem Nasenbluten spürte er wieder ein auffallendes Leichterwerden im Kopf sowie in den Armen und Füßen. Die tägliche Öffnung stellte sich früher als gewöhnlich ein und war weich, eine zweite, nach einiger Zeit erfolgende wässerig. Ein kleiner Rest der früheren Schwere, die er noch des Morgens in den Gliedern gefühlt hatte, war am nächsten Morgen verschwunden. Das Bedürfnis des Kopfwaschens war nicht mehr da, und nach demselben stellte sich keine Veränderung mehr ein. Er begriff besser als zuvor; doch war der Kopf noch nicht völlig so leicht als im Zustand seiner Gefangenschaft.

Die Öffnung, welche sonst zuweilen früher oder später eintraf und bald etwas härter, bald etwas weicher war, wurde in Hinsicht der Eintrittszeit und Beschaffenheit ganz regelmäßig.

Der Druck, den er in der Mitte der Stirne bei anhaltendem Nachdenken gefühlt hatte, verminderte sich sehr.

Das Nachtschwitzen war verringert.

Vom 4. Februar an war Stillstand der Besserung, die wahrscheinlich länger gedauert hätte, wenn nicht damals eine heftige

*) Scheint erneuerte Erstwirkung der Arznei gewesen zu sein. Vergl. die im Text sogleich folgenden Erscheinungen.

Einwirkung auf *Hauser* stattgefunden hätte. Noch blieben außer großer allgemeiner Reizbarkeit einige Beschwerden, hauptsächlich jenes das Denken erschwerende Drücken in der Stirne, wiewohl vermindert, zurück. Dagegen wurde nun Silicea gewählt.

2. Silicea

Erster Tag

Man ließ ihn den 17. Februar an Silic. X. riechen. Ich näherte ihm das mir vom Arzte eingehändigte Gläschen, worin sich eine Anzahl befeuchteter Streukügelchen befanden, in dessen Hause und Beisein langsam von ferne, und ehe es noch so weit genähert war, daß er es hätte erlangen können, sagte er, zusammenschrekkend, der Geruch sei ihm in den Kopf gegangen*).

Er unterschied in diesem Geruch drei besondere: einen dem des Weins und Branntweins ähnlichen (also den Weingeist), einen Zuckergeruch (also den der Streukügelchen) und einen dritten, den er nicht beschreiben konnte (ohne Zweifel den der Arznei selbst). Er war sichtlich konsterniert, entfärbte sich und schwankte beim Gehen; es war, «als wäre ihm ein ungeheurer Schlag versetzt worden». Die Arzneiwirkung ging ihm, wie er sagte, zuerst in den Kopf, dann fuhr sie in den Leib und in alle Glieder, sodann wieder in den Kopf, worauf (einige Minuten nach dem Riechen) der Schweiß auf der Stirne ausbrach. Es folgte Übelkeit, und er meinte, nicht mehr aufbleiben zu können.

Ungefähr eine halbe Stunde nach dem Riechen fand starkes Aufstoßen ohne Geruch und nach einigen Minuten noch stärkeres mit einem Geruch statt, den auch die Umstehenden rochen und der nach *Hausers* Aussage dem Arzneigeruch gleich war. Darauf

---

*) Er hatte den Geruch schon früher empfunden, weil er aber nichts Übles davon verspürte, so unterließ er die Anzeige, bis ihn derselbe auf einmal so heftig angriff.

verschwand die Übelkeit, und die Eingenommenheit des Kopfes war vermindert.

Ferner zeigten sich folgende Erscheinungen:

Beim Gehen Schneiden in der Fußsohle, am ersten Tag den ganzen Nachmittag, am zweiten Tag nach dem Stuhlgang eine Zeitlang.

Vom Oberkopf herabwärts ein mehrere Minuten anhaltendes Drücken. Es war ihm, als ob es aus seinem Ohr herauspfeife.

Im Kopf ist es öfters, «als wäre etwas Lebendiges darin, das herumlaufe», «es läuft bald hin und her, bald im Kreise».

Reißen im Vorderkopf.

Stechen in den Augen, Fippern der Augenlider.

Schmerz in den Knien, als wäre er darauf gefallen.

Ungewöhnlicher Durst.

Einige Zeit nach dem Aufstoßen Nasenbluten.

Zwei dünne Stuhlgänge.

Abends heiser.

Anmerkung: Zur Verminderung der Wirkung ließ man ihn einigemal an Schwefelleber riechen, welche (nämlich den Stöpsel des Glases, woran etwas von dem Pulver hing) ich bis auf drei Schritte näherte, worauf er sogleich einige Verringerung der Beschwerden fühlte. Schon in jener Entfernung drang sich ihm der bestimmte Geruch der Arznei auf.

Seit dem ersten Aufstoßen Reiz zum Husten im Halse und oftmaliges Husten.

Wenig Appetit.

Ekel vor Fleisch, so daß er es kaum sehen kann.

Seit dem Nasenbluten Müdigkeit und Abgeschlagenheit in allen Gliedern.

Die Augen brennen seit dem ersten Aufstoßen, sind entzündet und tränen. Lichtscheu. Muß aufhören zu lesen wegen Wehetuns der Augen. Die Pupillen trüb; am untern Augenlide des rechten Auges ein rotes Fleckchen.

Seit dem Riechen ist der Kopf sehr eingenommen.

In den Augen sind die krankhaften Gefühle am stärksten.

Fortwährender Druck in der Stirne (erster und zweiter Tag).

Abends große Müdigkeit, Kopfschmerz; er geht vor Mattigkeit bald zu Bette. Kann bis 11 Uhr nicht einschlafen; um 12 Uhr erwacht er schon wieder und bleibt bis 4 Uhr wach, schläft dann bis 5½ Uhr, bleibt aber vor Müdigkeit noch lange im Bette.

Wankt und taumelt öfters (erster und zweiter Tag).

Eingeschlafenheit und starkes Zittern des rechten Beins (am zweiten Tage kam es wieder, aber weniger stark).

Zweiter Tag

Der Urin des Morgens sehr trüb und mit rotem Bodensatz.

Früh taumelig, der Kopf voll und eingenommen.

Drücken über den Augen.

Drücken in der Stirne, welches durch Waschen verschwand, später aber wiederkam.

Große Müdigkeit und Abgeschlagenheit vor Tische.

Ungewöhnlicher Durst.

Abends Jücken eines Unterbeins.

Taumelig, hauptsächlich abends.

In der zweiten Nacht wird er noch öfters wach als in der ersten.

Das Drücken in der Stirne ist in den zwei ersten Tagen stärker als sonst zu der Zeit, da er es auch früher hatte.

Wenig Appetit.

Weicher Stuhlgang.

Eine Stunde nach Tisch Nasenbluten.

Drücken vom rechten Auge herab bis zum untern Kinnbacken (1. und 2. Tag).

Stechen vom Genick bis zum rechten Ohr; das Ohr schmerzt beim Befühlen.

Dritter Tag

Urin trüb, mit weniger Bodensatz als am vorigen Morgen.

Nicht mehr so taumelig als den gestrigen Morgen, aber noch matter.

Drücken über den Augen bis zum Waschen, ärger als die vorigen Tage. Es kam nachher noch eine Viertelstunde lang und verschwand sodann auf immer.

Müde vor Tisch; wenig Appetit.

Etwas weniger weicher Stuhlgang als am zweiten Tag.

Öfteres Aufwachen des Nachts.

Abends um sieben Uhr Nasenbluten, über eine Stunde lang. Zuvor Übelkeit und Unwohlsein, so daß er sich legen muß.

Vierter Tag

Der Kopf sehr eingenommen, aber das Drücken war verschwunden.

Starkes Haarausfallen diese vier Tage lang; dann verminderte es sich.

Fünfter Tag

Am fünften Tag war der Urin hell.

Fünf Tage lang schmerzte der Kopf beim Gehen.

Einmal stößt er sich am Fuße, was starken Schmerz im Kopf verursacht, «als wolle es ihm das Gehirn herausdrücken».

Vom sechsten Tag an wurde es im Kopfe täglich freier und leichter; auch die übrigen krankhaften Gefühle verschwanden.

Nach dem Riechen der Arznei war ihm sieben Tage hindurch das Fleisch unausstehlich widerlich; am zehnten erst bekam er wieder Appetit zu Fleisch.

Am zwölften Tag morgens *acht* Uhr befiel ihn Übelkeit, und

der Geruch der Arznei kehrte zurück*). Darauf Ausbrechen sehr bittern Wassers und Schleims; dann wurde der Geruch stärker. Eine Stunde nachher erschien ein roter Ausschlag auf der Stirne und unter den Augen; hierauf großes Unwohlsein, starker Kopfschmerz, er muß sich legen. Riechender Schleim auf der Zunge. Vier Tage lang geht er vor Müdigkeit nicht aus. Er ist unfähig zu arbeiten. Die Augen sind so angegriffen, daß er nichts lesen kann; sie tränen sogleich, wenn er lesen will.

Ungefähr vierzehn Tage lang hatte er Ohrenklingen, nachmittags öfters als vormittags.

Am dritten Tage nach dem Brechen erschrickt er nachmittags von einem in einem benachbarten Garten fallenden Schuß so sehr, daß ihm zwei Tage lang die Glieder weh tun; er zittert noch abends.

Stiche in den Füßen und Brennen in allen Gliedern. Das Drükken in der Stirne kehrte jedoch bei diesem neuen Angriff der Arznei nicht wieder.

Seit dem Brechen ist der Urin außerordentlich trüb.

Mit dem vierten März geht in seinem Geiste eine Veränderung vor, er fühlt sich mehr als sonst aufgelegt zum Denken und Arbeiten, er glaubt in sich eine erhöhte Denkkraft zu fühlen. Es zeigt sich auch wirklich in seinen Reden und Leistungen; es zeigen sich wieder Spuren jener geistigen Lebendigkeit, Erregbarkeit und Forschbegierde, die er früher, vor dem Nachlaß seiner Geisteskräfte, an den Tag gelegt.

Die Fernsichtigkeit seines Auges, welche seit der Gewöhnung an Fleischnahrung nachgelassen hatte, fängt an zurückzukehren.

Er spricht zusammenhängender, reiner.

---

*) Dies zeigt, daß jenes Unwohlsein von der Arznei, nicht von andern Einwirkungen herkam. Auch war sich *Hauser* einer andern Einwirkung unbewußt. Aus dem Früheren wird man sich erinnern, daß auch der Geruch des potenzierten Schwefels wiederkehrte.

Seine Augen leuchten wieder wie früher, und sein Gesicht bekommt einen Ausdruck von Geistigkeit, den es lange nicht mehr gehabt hatte*).

Das Versinken in tiefes Nachsinnen über Gegenstände, die er zu begreifen sucht, zeigt sich wieder. Überhaupt verliert sich die Indolenz, in welche er geraten war.

Sein Kopf arbeitet unaufhörlich, so daß er sich darüber beklagt, daß er nicht ruhen kann.

Er denkt sich über religiöse Gegenstände manches Eigene mit großer Klarheit und Bestimmtheit aus.

In der fünften Woche spürt er fast gar nichts Unbehagliches oder das Denken Hemmendes im Kopfe.

Am 20. und 21. März fanden erneute Angriffe statt, aber nicht so heftige wie das erstemal. Beim Erwachen am 20. März Schwere im Kopf, wie ein dichter Nebel vor den Augen, beim Aufstehen taumelig; durch Waschen verschwindet der Nebel, es wird dann abwechselnd schlechter und besser.

Stechen vom Hinterkopf gegen das rechte Ohr hin.

Um neun Uhr wird es auf eine Stunde lang so gut, wie es seit seiner Erkrankung im Turme nie gewesen, dann wurde es wieder schlecht.

Nachmittags kam nochmals eine Stunde lang gänzliches Frei-werden des Kopfes.

Den andern Tag waren die Wechselzustände nicht so auffallend, es wurde nicht mehr so schlimm und nicht mehr so gut.

Den dritten Tag trat gleicher Zustand ein.

Mehrere Tage hindurch trüber Urin.

---

*) Als *Hauser* später einmal wiederum Silicea erhielt, und zwar in einer mehr als hundertsten Verdünnung, hatte sie eine auffallend ähnliche Wirkung auf seinen Geist, und die vorher matten Augen wurden ebenso wieder leuchtend und scharf (siehe unten).

Im allgemeinen bessert es sich jetzt wieder von Tag zu Tag.

Am 26. März fühlte er plötzlich im obern Kopfe einen Stich, sodann hatte er ein Gefühl, als senke sich etwas den Kopf herab, und er fühlte sich im Oberkopf bis zum untern Teil der Stirn herab ganz frei. Hier aber, sagte er, sei es wie abgeschnitten, es sei ihm, als sei ein Faden herumgebunden. Im übrigen Teil des Kopfes blieb es wie zuvor.

Am 29. März verschwand das Gefühl des Gebundenseins im Kopfe, nur fühlt sich der untere Teil des Kopfes noch nicht völlig frei. Von Tag zu Tag jedoch hob sich auch letzteres, und am Morgen des 2. Aprils war alles verschwunden.

In den letzten Tagen aß er mit Lust und in größeren Quantitäten Fleisch, wovon er bis dahin nur einen oder zwei Bissen, zwar nicht mit Widerwillen, aber auch nicht mit Lust und Neigung genossen hatte. Auch bekam es ihm besonders gut, seitdem sich dieser entschiedene Appetit eingestellt hatte.

Am 1. April befiel ihn sogar ein Gelüsten nach Braten.

Zu Ende des Märzes verlor sich der Nachtschweiß, der sich sogleich nach dem Riechen an Silicea sehr verstärkt hatte (das Hemd wurde gelb davon, auch roch der Schweiß übel).

Erst am 2. April war der Urin ganz klar und hell.

Er kann jetzt ohne Augenbeschwerden anhaltend arbeiten.

Die Augen sind gegen das Licht nicht mehr empfindlich.

Er sieht wieder ausnehmend weit in die Ferne (die früheste Schärfe des Fernsehens kehrte jedoch nicht wieder).

Am 5. April aß er gekochte Zwetschgen, ohne die geringste Wirkung zu spüren.

An demselben Tage kam er mittags irgendwo hin, wo saurer Rindsbraten gegessen wurde. Er bekam ein großes Gelüsten darnach und aß ein paar Bissen davon. Er war den Nachmittag über wie von Wein potenziert. In der Sauce des Bratens, den er ohne mein Wissen genoß, waren Gewürznelken, Pfeffer, Zitrone, Zwiebel und andere Zutaten. Er spürte gleichwohl nichts Schlimmes davon, so sehr war damals seine Empfindlichkeit gemindert*).

Nach Verschwinden der letzten physisch krankhaften Empfindungen besserte sich sein geistiger Zustand in Hinsicht der Befähigung und Leichtigkeit des Denkens fortwährend, so daß er sich an jedem Tag mit Bestimmtheit um einiges besser als am vorigen fühlte, bis zum 16. Mai, wo ihn ein neuer Unfall niederwarf.

3. Ipecacuanha und nux vomica

Vom nah eingesogenen Geruch eines Firnisses, womit irgendwo außer meiner Wohnung etwas bestrichen wurde, bekam er am 16. Mai Krampfhusten, so daß er kaum ein Wort dazwischen hervorbringen konnte. Nachdem derselbe schon von drei Uhr nachmittags bis acht Uhr abends ohne nachzulassen gedauert hatte**), wurde ihm vom Arzte Ipecacuanha zu riechen gegeben. Ich hielt ein geöffnetes Gläschen, worin ein mit der Arzeneiverdünnung befeuchtetes Streukügelchen lag, gegen ihn und ließ ihn langsam darauf zugehen, bis er etwas riechen oder empfinden würde. Er roch die Arzenei ungefähr zwei Schritte weit. Sogleich verstärkte sich einige Augenblicke lang hörbar der Husten, hatte sich aber in ungefähr fünf Minuten fast ganz und in zehn bis fünfzehn völlig gelegt.

Hierauf blieb große Hitze, heftiger Brust- und Kopfschmerz und Augenentzündung. Er hatte sich, nachdem er nach Hause gekommen, zu Bette gelegt. Auf der *linken* Seite konnte er nicht liegen,

---

*) Im Archiv für Homöopathie werden ein paar Fälle genannt, in welchen die gute Wirkung der Arznei durch Branntwein, Tee mit Rum, Bischof, Punsch nicht gestört wurde. Bei einem *Hauser* waren obengenannte Zutaten gewiß keine geringeren Reize als jene starken Getränke für die Kranken, die sie genossen.

**) Ich erfuhr den Fall erst, als er um acht Uhr nach Hause gebracht wurde.

es benahm ihm den Atem, und es entstand in der linken Brust Drücken und Stechen, er glaubte in dieser Lage ersticken zu müssen. Sein Gehör war so empfindlich, daß man in seinem Zimmer nicht einmal mit Socken herumgehen durfte. Er stöhnte fortwährend. Sprechen anderer war ihm unleidlich. Er selbst konnte nur mit Mühe ein paar, doch meist unverständliche Worte sprechen. Die Nacht war schlaflos. Gegen Morgen versuchte er aufzustehen, um eine Abhilfe für erhöhte Beschwerden zu erlangen, vermochte es aber nicht.

Am Morgen des folgenden Tages erfolgte Ausbrechen vielen grüngelblichen Schleimes mit etwas Blut. Der ganze Leib war gelb. Ein paar Eßlöffel Kümmeltee gaben ihm Erleichterung, so daß die Röte auf die Wangen zurückkehrte und das Sprechen erleichtert ward. Einige Zeit hierauf wurde ihm nux vomica verordnet. Ich näherte ihm eine kleine Gabe auf ungefähr zwei Schritte, worauf er zuckte und das Zeichen gab, daß er die Wirkung empfunden. Hierauf erfolgte sogleich eine kurze Verschlimmerung und etwa eine halbe Stunde darauf einige Besserung, er konnte wieder vernehmlich sprechen, doch mit Mühe, und die ungeheure Empfindlichkeit war ein wenig verringert. Mittags erschien die Zunge weiß, nachmittags löste sich die Haut derselben ab. Starkes Halsweh. Ausfluß vielen mit Blut gemischten Schleimes. Auch die zweite Nacht war schlaflos. Am dritten Tag trat statt der Hitze Frost ein. Vormittags kurzer Schlummer. Dann verlangte er eine Tasse Kümmeltee, worauf der Kopf heiterer wurde. Des Tags über Hitze und Frost untermischt. Mehrmaliger Schlaf. Erbrechen des Nachts, wobei viel Blut aus dem wunden Halse zum Vorschein kam. Dritte Nacht schlaflos. Vierter Tag beginnt fieberhaft. Das Brustdrücken, an dem er die drei Tage durch gelitten, besonders in der linken Brust, läßt nach. Mittags genießt er ein paar Löffel Suppe. Nachmittags Schlaf. Abends verlangte er dringend und wiederholt Zwetschgenbrühe, von der er meinte, sie müßte ihm in Hinsicht seines schmerzlichwunden Halses gut tun*). Ich ließ sie ihm geben. Sie habe ihm, sagte er nachher, wie Feuer den Schlund und die Brust hinunter gebrannt, dann sei es aber recht gut geworden. Auch die nächste Nacht sehr wenig Schlaf. Als er den Tag darauf nachmittags über lästige Beschwerden klagte (z. B. über Stiche im Kopf), die er seit dem Riechen an nux vomica zu haben behauptete, befeuchtete ich ein Stückchen Fließpapier ganz wenig mit dem feuchten Stöpsel einer Weinbouteille und näherte es ihm bis auf einen Schritt, worauf ihm der Geruch in den Kopf stieg, die Beschwerden in einigen Minuten nachließen und einige Zeit nachher ganz aufhörten. Im Kopf verhältnismäßig sehr gut. Nachts mehr Schlaf als bisher. Tags darauf nur noch große Schwäche und Angegriffenheit und einiges Halsweh. Am 23. Mai verließ er das Bett, aber noch viele Tage darauf machte sich Zusammengefallenheit, Kraftlosigkeit, unterbrochener Nachtschlaf, Augenschwäche, Unfähigkeit zu geistigen Arbeiten wegen Schwäche des Kopfes bemerklich.

Zu Anfang des Juni begannen frühere Krankheitssymptome wiederzukehren, Dumpfheit im Kopf des Morgens, Schwere und Vollheitsgefühl nach dem Essen, während zugleich andere von der Zwischenkrankheit herrührende Symptome zu verschwinden fortfuhren. Seine Empfindlichkeit stieg wieder, er roch z. B. (dergleichen zuvor nicht mehr der Fall gewesen) einen Kirchhof mit Schauder dreißig Schritte weit, und zwar an einem im Sommer so ungewöhnlich kalten Tage, daß man nicht gut im ungeheizten Zimmer verweilen konnte. Nachher durchfällige Öffnung nach der gewöhnlichen täglichen, die er vor dem Geruch gehabt.

Es kamen selbst neue Beschwerden dazu, Schwindel, Kopfschmerzen und Unwohlsein überhaupt, mit kleinen gelblichen Flecken im Gesicht von halb elf bis zwölf Uhr**), Brennen den

---

*) Niemand hatte sie ihm angeraten.

**) Dieses Unwohlsein konnte ich ihm durch Weinduft auf palliative Weise wegnehmen, indem ich die geöffnete Bouteille auf einige Schritte näherte.

Hals herauf. Der Arzt bestimmte jetzt Sepia, an welcher Arznei ich ihn am 16. Juni riechen ließ.

4. Sepia

Ich ließ ihn vor dem Frühstück an dem trocknen Stöpsel eines Gläschens riechen, worin ein mit Decillionverdünnung befeuchtetes Streukügelchen befindlich war. Er roch die Arznei, noch ehe der Stöpsel sehr nahe an seine Nase kam, und empfand sogleich darauf nichts Schlimmes. Er meinte daher, diese Gabe würde nichts bei ihm wirken; ich ließ es indessen dabei bewenden und wartete die Folgen ab, die sich bald zeigten.

Erster Tag

Eine Viertelstunde nachher Wehtun an den Schläfen, beim Anfühlen noch schmerzhafter. Eine Viertel- oder halbe Stunde lang *mouches volantes*. Vormittags (während er sonst über Tags gar nicht trank) überfällt ihn Durst mit Mundtrockenheit. Er trinkt viel Wasser und kann den Durst dennoch nicht stillen, der vielmehr auf Trinken noch stärker wird. Er trinkt, bis er vor Magenweh nicht mehr kann. Der Schwindel bleibt diesen Vormittag aus*). Die Sprache fängt an katarrhalisch zu lauten. Große Unfähigkeit zu Kopfarbeiten. Schweres Denken und Gedächtnisverminderung. Schmerz in den Schenkeln beim Gehen und Anfühlen. Nachmittags schlechtes farblos-krankhaftes Aussehen. Sichtbare, auffallende Angegriffenheit, langsames, mattes Reden, schwankender Gang. Um 3 Uhr brennende Hitze im ganzen Körper,

---

*) Es ist auffallend, daß hier sogleich ein Psorasymptom getilgt wird, während viele von der Arznei erregte Beschwerden lange fortdauern. Ein ähnlicher Fall ist im homöopathischen Archiv beschrieben. Auch unten bei Calcar. wird man diese Erscheinung finden.

vorzüglich im Gesicht, mit starkem in großen Tropfen herabrinnendem Schweiß; rötlicher, brennender Ausschlag am Halse. Kopfweh. Starkrotes Gesicht. Aufgelaufene Adern der Arme und Hände. Dieser Zustand dauerte ungefähr eine halbe Stunde. Dann war das Aussehen mehr von gewöhnlicher Art. Der Ausschlag am Halse fing gegen Abend an zu vergehen. Abends Kopfweh. Auf einem Abendspaziergang war es ihm auf einmal, als ob ihm die Beine herauf etwas wie Ameisen laufe oder krieche, und als die Empfindung aufwärts bis an die Herzgrube kam, fühlte er daselbst und quer unter der Brust schmerzliches Drücken. Dabei war ihm heiß, und es entstand starker Schweiß; die Glieder taten weh. Ungefähr eine Stunde dauerte die Hitze und das Schwitzen, dazwischen Frostschauder. Mit starkem Schaudern und Schütteln endigte der Zustand, der Kopf war sehr erleichtert. Er mußte vor Mattigkeit noch lange sitzen, ehe er nach Hause gehen konnte. Den Tag über Drücken auf der Stirne. Im Bette vor dem Einschlafen reißende Schmerzen in den Gelenken und andern Teilen des Leibes, z. B. die Ohren herab, in den Hüftknochen. Nachts vermehrtes Schwitzen, so daß er aufstehen und das Hemd wechseln mußte, den Tag über geringer Appetit. Zweimalige Öffnung des Tags, die erste härter als gewöhnlich, die zweite weich.

Zweiter Tag

Nach dem Aufstehen sehr dumpf und schwindlig im Kopfe, was nach Waschen auf kurze Zeit vergeht. Morgens und öfters des Vormittags ein wenig Gliederreißen. Statt des gewöhnlichen Vormittagsübels nur eine halbe Viertelstunde lang etwas Unwohlsein. Kopfarbeiten greifen ihn nicht wie sonst an. Nachmittags gegen 3 Uhr Verschlechterung, die Glieder tun weh. Schwere im Kopfe. Fieberhaftigkeit, Frost und Hitze. Schlechtes, krankhaftes Aussehen. Anhören von Musik greift ihn an. Ungewöhnlich starker Mundgeruch. Den Tag über schlechter Appetit. Öffnung gut.

Abends Klingen im rechten Ohre wie von einer Schelle, mit Kopfschmerz. Dann war ihm, als ob ein Tropfen an der rechten Seite des Kopfes herabfiele, worauf das Klingen verschwand, der Kopfschmerz aber stärker wurde. Der Kopfschmerz dauerte bis nach 10 Uhr. Nachts Ausbleiben des Schweißes.

Dritter Tag

Die Dumpfheit am Morgen vergeht auf Waschen und bleibt aus. Statt des sonstigen Vormittagsübels noch milderes Unwohlsein als den zweiten Tag, ungefähr eine Viertelstunde lang. Nachmittags gegen 3 Uhr ein kleiner Schauder mit Frost, worauf es ihm sehr wohl und leicht im Kopf und Körper wurde; die Augen, die seit dem Riechen getrübt waren, erhellen sich, die *mouches volantes* verlieren sich, der Schenkelschmerz verschwindet.

Am zweiten und dritten Tag fühlt er bei Gewittern keinen Druck mehr auf dem Kopf, nur etwas Frost. Der Mundgeruch verliert sich. Diese drei Tage konfundiert er sich leicht in Gedächtnissachen.

Vierter Tag

Der Schlaf ist gut, ununterbrochen und ohne Schweiß. Er kann sogleich ohne Mühe aufstehen, woran ihn sonst Müdigkeit nach dem Erwachen hindert. Er braucht nicht mehr wegen Dumpfheit den Kopf zu waschen. Die Augen sind noch klarer als den vorigen Tag. Leichtes Denken. Schreiben strengt die Augen nicht mehr an. Jede Spur der Vormittagsanfälle ist verschwunden. Den ganzen Tag über fühlt er sich leicht, wohl und kräftig.

Fünfter Tag

Völliges Wohlseinsgefühl. Nachmittags war er so aufgeweckt und lebendig wie sonst, wenn er Braten gegessen hatte, was damals nicht der Fall war. Starke Gerüche, die ihm vor der Arznei weh

zu tun pflegten (Brustdrücken verursachten, Müdigkeit zurücklie-
ßen), greifen nur auf kurze Zeit an, ohne weh zu tun. Vom Geruch
angezündeten Schwefels fühlte er am fünften Tag nur einige
Minuten lang Brustbeklemmung, worauf es ihm war wie zuvor.
Essiggeruch, der vorher den Kopf eingenommen und Gefühl von
Schwere in den Gliedern hervorgebracht, tat gar nichts.

Sechster Tag

Die Verbesserung war heute nicht so spürbar als den vorigen Tag
(woran wohl der Schwefelgeruch schuld war).

Siebenter Tag

Die Besserung, die er sonst während der Nachwirkung einer
Arznei mit Anfang des Tags zu spüren pflegt, stockt, nachmittags
jedoch, auf einer Spazierfahrt, befällt ihn ein Schwindel, nach
welchem gebessertes Befinden erfolgt.

Achter Tag viel Besserung. Neunter Tag ebenso. Zehnter
ebenso. So gedieh die Besserung täglich um einen fühlbaren Schritt
weiter*), bis zum 15. Juli, wo ihm etwas Störendes begegnete.

(Fortsetzung folgt im nächsten Heft.)**)

---

*) Er aß in diesen und den folgenden Tagen ohne mein Wissen und Wollen
gekochte Zwetschgen, Schinken, Rettich und mehr Reizendes, ohne daß die
Genesung im täglichen Fortschreiten gehindert erschien.

**) Diejenigen meiner Leser, die an der Darstellung dieser Heilversuche ein
besonderes Interesse haben, verweise ich einstweilen auf den Auszug, den Herr
Dr. *Preu* gegenwärtig aus dem Ganzen zu machen beschäftigt ist und welcher
nächstens im Archiv für die Homöopathie erscheinen wird.

Mittheilungen

über

Kaspar Hauser.

Von

Georg Fr. Daumer,

Gymnasialprofessor, Hausers ehemaligem Pflegevater.

Zweites Heft.

Nürnberg,
im Verlag von Heinrich Haubenstricker.
1832.

Zweites Heft

I. Einige Erinnerungen Hausers aus seinem Kerkerleben und der nächstfolgenden Zeit

Bis zu der Zeit, da der Unbekannte, um ihn zu unterrichten, in seinem Kerker erschien, befand sich *Hauser* in einem dumpfen, reflexionslosen Zustand, ohne Erinnerung eines ehemaligen Lebens unter Menschen, ohne Befremden und Nachsinnen über seine Lage, ohne Wunsch, sie zu verändern, ohne Sehnsucht nach etwas, was er nicht besaß, im vollkommensten Gleichmute. Die meiste Zeit mag er verschlafen haben. Er selbst glaubt nur wenige Stunden gewacht zu haben. Im September 1828 äußerte er, es komme ihm sehr sonderbar vor, wenn er zurückdenke, daß er in seinem Kerker nichts gedacht, noch gewünscht habe, da er doch jetzt so viele Gedanken und Wünsche habe. Er sei in einem immergleichen Zustande gewesen, in den er sich jetzt schwer zurückdenken könne. In diesem Zustande wäre er auch ohne Zweifel bis ans Ende seines Lebens geblieben, wenn keine Erregung stattgefunden hätte. Aber schon nachdem der Unbekannte bei ihm erschienen war, ging eine große und wesentliche Veränderung in seinem Innern vor. Er blieb nicht nur bei dem stehen, was ihn der Mann lehrte und andeutete, sondern fing an, Betrachtungen und Vergleichungen der ihm nächsten äußern Gegenstände aus freiem Triebe anzustellen. Er erzählte mir von dem Übertritt zu diesem neuen, obwohl noch höchst beschränkten Geistesleben folgendes Merkwürdige. Das erste, was er in Betrachtung gezogen, sei, so viel er sich erinnere, seine Hand. Es sei ihm aufgefallen, daß «Löcher» darin seien, was er zuvor niemals bemerkt hatte, womit er nämlich die Schweißlöcher meinte. Dies zeigt zugleich, mit welcher Schärfe er in seinem finsteren Loche sah. Noch da er mir obiges erzählte, nannte er diese feinen Punkte «*große Löcher*». Als er nun diese Entdeckung gemacht, verglich er die Streifen oder Bänder, mit denen er seine hölzernen Tierbilder zu schmücken pflegte, mit seiner Hand und fand, daß auch diese Bänder ähnliche Löcher hatten. Hierauf verglich er die hölzernen Tiere selbst und bemerkte etwas Abweichendes, da er in diesen keine solchen Löcher, sondern vertiefte Stellen, Einschnitte, fand.

Aufsitzend in seinem Gefängnis fühlte *Hauser*, daß ihn etwas hinderte, sich auch nur etwas stark gegen die Knie vorzubeugen; er vermochte sich nicht einmal ganz auf die Seite zu legen, nur die Lage auf dem Rücken und ein kleines Rutschen auf die linke Seite hin war ihm möglich. Als er von Professor *Hermann* (1828) auf dem Boden sitzend an der Hosenschnalle niedergehalten wurde, sagte er, so sei es gewesen. Näheres wußte er nicht anzugeben, denn was ihn hielt, hat er nie untersucht. Als der Unbekannte bei ihm gewesen war, fiel ihm beim Spiele eines seiner Pferdchen auf die Seite, so daß er, um es wieder zu erlangen, sich vorwärts bemühen mußte; da fühlte er zum erstenmale jene Hemmung nicht mehr. Wahrscheinlich hatte der Unbekannte, um ihm das Schreiben zu erleichtern, die Fessel gelöst und nachher nicht wieder befestigt. Er suchte nun vorwärts zu rutschen, um sein Pferdchen zu fassen, was ihm auch gelang, wobei er mit den Füßen auf den kalten Boden kam. Weiter zu rutschen oder aufzustehen hat er nicht versucht. Auch hat er über das Verschwinden der Hemmung keine Untersuchung angestellt, was alles nicht ohne psychologische Merkwürdigkeit ist. *Hauser* meint jedoch – und wohl nicht mit Unrecht –, wenn man ihn nach dem oben beschriebenen Geisteserwachen noch lange in seinem Loche gelassen hätte, so würde er in seinen Betrachtungen und Bestrebungen immer weiter gegangen sein und endlich auch wohl aufzustehen versucht haben.

Der Ort, an welchem *Hauser* verborgen gehalten wurde, war allem Anschein nach ein kleines kellerartiges Gewölbe unter der Erde. Als ich ihn (1828) in einen kleinen Hauskeller führte, sagte er, die Wölbung und die in ihr befindlichen Fenster seien so gewesen wie hier, nur sei sein Kerker noch kleiner und dunkler gewesen. Bei weiterem Besprechen trat die Erinnerung hervor, er sei, wie er aus seinem Gefängnis herausgekommen, zuerst einen *kleinen* Berg, dann einen *großen* hinaufgetragen worden*). Der erste nämlich sei gleich vorüber gewesen, bei dem zweiten, meint er, sei es hoch hinaufgegangen, auch habe auf diesem der Träger stark geatmet («geschnauft»). Auf dem ersten habe der Gang des ihn tragenden Mannes stärker gestoßen als auf dem zweiten, und die Luft sei ihm auf dem ersten weniger kalt vorgekommen als auf dem zweiten. Vom Weg habe er auf dem ersten nichts gesehen, da sein Gesicht auf des Trägers Rücken gelegen, auf dem zweiten sei ihm der Weg grün vorgekommen. Auf beiden Seiten des Weges, da er den ersten Weg hinaufgetragen worden, sei er neben (wie an Wänden) angestreift. Zwischen dem ersten und zweiten Berg sei es eine Zeitlang eben fortgegangen. Hieraus läßt sich abnehmen, daß die erste Höhe (der erste Berg) eine kleine schmale Treppe, die zweite aber eine Anhöhe im Freien gewesen sei. Als wir ihn über diese Gegenstände befragten, nahm ihn Prof. *Hermann* auf den Rücken, so wie nach *Hausers* Angabe der Mann ihn auf den Rücken genommen, und ging mit ihm auf ebenem Boden und auf Treppen umher, um durch die Erneuerung der Empfindung seiner Erinnerung zu Hilfe zu kommen.

Hauser sagt, er habe, als man ihn hinausgetragen, große Schmerzen empfunden und geweint; endlich sei er auf dem Rük-

---

*) Früher hatte er nur angegeben, er sei, wie er aus seinem Gefängnis genommen wurde, aufwärts oder einen Berg hinaufgetragen worden. Obige bestimmtere Angabe trat zuerst hervor, als er mir auf eine Frage die überraschende Antwort gab, das sei auf dem *ersten* Berg der Fall gewesen, worauf ich dieser Spur nach weiter fragte.

ken seines Trägers eingeschlafen oder ohnmächtig geworden und, da er wieder zu sich gekommen, mit dem Gesicht gegen die Erde gekehrt auf dem Boden gelegen und so weiter. Schon durch mechanische Einwirkung konnte für *Hauser* das Herausge-schlepptwerden aus seinem Loche schmerzlich werden. Auch hat wohl die freie Luft, da er ihr zum erstenmal nach so langer Zeit wieder ausgesetzt war, einen starken Eindruck auf ihn gemacht. Gleichwohl glaube ich, daß die Hauptursache seines schmerzli-chen Zustandes, der mit Ohnmacht endete, die animalisch-magne-tische Einwirkung des Trägers war, auf dessen Rücken er lag. Es ist bemerkt worden, daß *Hauser* von Berührungen menschlicher Körper immer Erkältung und Schmerz empfand. Diese Empfind-lichkeit, die sich später verlor, muß zu der Zeit, da er in seinem Gefängnis lebte und demselben entnommen wurde, im höchsten Grade stattgefunden haben. Er erinnerte sich später noch, wie er Kälteschauer und dann Hitze schmerzhaft empfunden, als der Unbekannte im Gefängnis seine Hand berührte. Die Erkältung, die *Hauser* auf des Mannes Rücken gefühlt haben will, kam gewiß weniger von der Luft als von dem Träger. Er äußerte einmal, die Kälte, die er empfunden, da man ihn hinausschleppte, sei auf dem kleinen Berg in Hitze übergegangen, dann sei es wieder sehr kalt geworden, und wie er zuerst auf dem Weg erwachte, habe er Hitze im Kopf gehabt und der Schweiß sei ihm übers Gesicht geronnen. Dies gibt wenigstens einen fieberischen Zustand zu erkennen. Seine Empfindlichkeit gegen Berührungen aber, die sich zu Nürn-berg auf so auffallende Weise kundtat, legt auch folgende Stelle seiner schriftlichen Erzählung dar: «Ich glaube, er (*Hausers* Füh-rer auf dem Weg nach Nürnberg) ließ mich ein wenig freier gehen, um zu probieren, ob ich auch allein gehen könne; aber ich glaube, daß ich hingefallen sein würde, weil ich nicht mehr die Füße vorwärts bringen konnte, und auf beiden Seiten *empfand ich einen plötzlichen Schmerz*, der wahrscheinlich daher rührte, daß mich der Mann geschwind ergriff, als ich hinfallen wollte.»

II. Sprache

Im ersten Heft S. 42 ist bemerkt worden, daß *Hauser* anfangs die Worte, die man mit ihm sprach, als bloße Laute, ohne ihren Sinn zu fassen, nachzuahmen pflegte. Dasselbe stellt er selbst in dem S. 60 ff. mitgeteilten Fragmente umständlich dar. Hieraus läßt sich manche sonst unglaubliche Aussage anderer erklären. Wenn z. B. der Bürger, der ihn zuerst in Nürnberg erblickte*), vom neuen Tor sprach, etwa zu ihm sagte: «Sieht er, das ist das neue Tor!» so mochte *Hauser,* wie er zu tun pflegte, die letzten Worte: «Neu Tor» nachsprechen, der Mann konnte glauben, *Hauser* frage, ob dies etwa ein neu gebautes Tor sei, und in seiner Einbildung stand nachher unerschütterlich fest, was Feuerbach (*siehe Ausgabe Dornach 1983, S. 22) als Aussage dieses Mannes mitteilt**) und was ich selbst von letzterem behaupten hörte. Wenn *Hauser* auf die Frage, woher er komme, keine verständliche Antwort gab, so suchte man ihm wahrscheinlich durch Nennung einiger Lokalitäten nachzuhelfen. Auf die Frage: «Vielleicht von Regensburg?» mag *Hauser* das letzte Wort nachgesprochen haben, und so entstand die Meinung, *Hauser* habe gesagt, er sei von Regensburg gekommen, was jener Bürger gegen mich und *Hauser,* der nichts davon wissen will, ebenso fest behauptete. So werden eine Menge Inkonsequenzen und Unbegreiflichkeiten ganz leicht und einfach aufgelöst. Wie *Hauser* zu dem Ausdruck «Woas nit» oder «I wäs net» kam, erzählt er uns in dem Fragmente S. 67 des 1. Hefts. Es waren ebenso wie seine Reden in den obigen und andern Fällen nur sinnlos nachgeahmte Laute, jedermann aber mußte damals glauben, wenn er sein «woas nit» sagte, es solle eine Verneinung dessen sein, was man von ihm erfragen wolle.

---

*) Ein armer, aber unbescholtener Mann.

**) «Als er mit K. zum neuen Tor gekommen, habe dieser gesagt: Dös is g'wiß erst baut worn, weil mer's neu Tor heißt?»

Ich füge hier dem im ersten Heft Gesagten noch folgendes von Eigentümlichkeiten in *Hausers* Sprache hinzu, was nicht ganz ohne Interesse sein dürfte.

Auch da *Hauser* «ich» sagen gelernt hatte, sprach er doch noch mehrere Monate lang von sich selbst gern in der dritten Person und mit Nennung des Namens Kaspar. In Beziehung auf eine Zeichnung, die von ihm gemacht worden war, sagte er z. B.: «Wenn die Nase nicht wäre, so wäre gar nichts vom Kaspar in dem Bild.» – «Mich selbst darauf hindenken» sagte er im Sommer 1828 statt: durch eigenes Studium herausbringen. – «Es fühlt mich» nach der Analogie: Es friert mich und so weiter. – «Fühlung» statt Gefühl, Empfindung. – «Auf die Drüben-Seite» statt: auf die andere Seite. – «Es ist eine Unmenschlichkeit» statt: Es ist etwas Übermenschliches, etwas durch menschliche Kraft Unerreichbares (1828). – Der Ton der Violine sei *ausführlicher* als der der Gitarre, sagte er schön bezeichnend im Frühling 1829. Das Wort schwer-mütig brauchte er vom Körper und schrieb es schwermüdig, als Kompositum von schwer und müd (1829). – «Ich bin jetzt in einem ganz andern Gedächtnis» statt: Ich denke jetzt ganz anders als sonst; habe ganz andere Gedanken und Gesinnungen (1830). – Bei Gliedern des Leibes brauchte er eine undeutsche Redefügung, z. B. von einer Katze: Sie hat Kopf nicht so groß als die andere (noch 1830). «Eine *so* Reue» mit betontem so, statt: eine solche (so große) Reue (1830).

III. Weichheit und Güte des Gemüts in den ersten Zeiten seines Aufenthalts zu Nürnberg

Das rührende Bild der reinsten Güte, welches *Hausers* Erschei-nung in den ersten Zeiten gewährte, übertrifft alles, was von dieser Art die Phantasie sich erfinden könnte, und läßt sich in der Fülle seiner Lebendigkeit durch keine Beschreibung ausdrücken. Aus dem Jahre 1828 sind folgende Züge.

Seine eigene Empfindlichkeit gegen äußere Einwirkungen auf alle lebendigen Wesen übertragend, konnte ihn selbst das, was andern nicht wehe tat, in Schrecken versetzen. Als ihn einmal jemand aufforderte, ihm mit einer Rute einen kleinen Schlag zu versetzen, war er nicht dazu zu bringen; es tue ihm *selbst* gar zu weh, sagte er. Schlug vor seinen Augen einer den andern und versicherte auch der Geschlagene lachend, keinen Schmerz zu fühlen, so vermochte dies den Schrecken und Schmerz, den *Hauser* bei solchem Anblick fühlte, nicht aufzuheben. Wenn er vollends jemand, wie ein paarmal in seiner Turmwohnung ein Kind, züchtigen sah, so vergoß er Tränen und geriet in die äußerste Unruhe. Ich sah ihn um die Zeit, da er mir übergeben wurde, in Angst und Unwillen geraten, als jemand eine Katze, um sie ihm zu zeigen, beim Kragen in die Höhe hob. Die Flöhe, die ihn im Turme gewaltig peinigten und mit ihren Stichen aus dem Schlafe weckten*), sah er mit Unwillen töten und begnügte sich, sie zum Fenster hinauszuschaffen. Als jemand zu jener Zeit vor seinen Augen einen Floh tötete, ließ ihn *Hauser* mit unwilligem Tadel an, und da man ihm sagte, dies Tier sei deshalb getötet worden, weil es ihn plage und beiße, sagte er, man hätte es zum Fenster hinaus entlassen sollen. Erst als man ihm bemerkte, daß es dann auf andere Menschen gesprungen sein und auch diese gebissen haben würde, beruhigte er sich einigermaßen. Wenn jemand ein Insekt umbringen wollte, hinderte er es und sagte, dieses Tier möchte auch gern leben. Wenn er einen Vogel oder andere Tiere eingesperrt sah, betrübte er sich und sagte, dieses Tier möchte auch gern frei sein, warum man es einsperre? Ich sah ihn weinen, als jemand

---

*) Mit Schauder sprach er nachher von diesen «Schwarzen». Vor einer schwarzen Henne fürchtete er sich deshalb, weil er sie der gleichen Farbe wegen für einen solchen «schwarzen Beißer» hielt.

im Scherze zu ihm sagte, eine gewisse Katze solle den damals in Nürnberg befindlichen Schlangen vorgeworfen werden. Er betrübte sich fast bis zu Tränen, als er hörte, das Pferd, das er zu reiten pflegte, habe ein geschwollenes Bein, und als er hörte, dieses Pferd werde auf dem Theater einen Maulesel vorstellen, erzürnte er sich und sagte, diesen braven Gaul müsse man nicht foppen. Sah er Tiere nach einem Fraße lüstern, so drang er darauf, sie zu befriedigen. Ich mußte ihm einst erlauben, einem Vogel, der gebraten werden sollte, die Freiheit zu geben, um nicht sein Gemüt gegen mich zu empören. Man kann keine Vorstellung von der rührenden Kindlichkeit haben, mit der er für ihn bat, und von dem Entzücken, mit dem er den Vogel davonfliegen sah. Er erzählte mir einst mit einem Ausdruck unendlicher Wehmut, Herr*** habe heute einen Hasen und zwei Vögel auf der Jagd geschossen, die er noch bluten gesehen. Wie es möglich sei, daß die Menschen kein Erbarmen mit diesen Tieren hätten, die doch niemand etwas zuleide täten? Als man ihm sagte, man töte diese Tiere, um sich von ihrem Fleische zu nähren, erwiderte er, man könne ja etwas anderes essen, z. B. Brot, wie er. Als er im Herbste 1828 Affen sah, die allerlei Kunststücke machten, hatte er eine kindliche Freude darüber. Da er aber bemerkte, wie sie damit wieder von vorn anfangen mußten, um neu hinzugekommene Zuschauer zu befriedigen, verlangte er mit dem Ausdrucke des Mitleids fortgeführt zu werden. Er hatte vor Jammer nicht mehr zusehen können, sagte er nachher, denn er habe selbst die Erfahrung gemacht, wie widerlich es sei, das, was er schon tausendmal den Neugierigen gesagt und vorgezeigt habe, von neuem sagen und vorzeigen zu müssen.

Das erste, was er (im Sommer 1828) las und zugleich verstand, war die Geschichte Josephs und seiner Brüder. Er hatte eine unaussprechliche Freude; aber über die Härte, mit welcher Joseph in Ägypten seine Brüder anfangs behandelte, beklagte er sich sehr und sagte, das sei nicht schön von ihm gewesen. Er an Josephs

Stelle würde die Brüder nicht geängstigt, denen, die ihm Böses getan hatten, so viel als sie nötig gehabt, gegeben und von sich gelassen, den Ruben aber, der ihm das Leben gerettet, bei sich behalten haben. Der kaum zum Leben erwachte Findling läßt hier den alttestamentlichen Mann Gottes an Zartgefühl und Edelmut weit hinter sich. Obgleich noch ohne alle religiöse Bildung, ja von Religion und Christentum nichts wissen wollend, vergilt er nicht Böses mit Bösem, ja er will wohltun denen, die ihn gehaßt und ins Elend gestürzt haben. Aber wie menschlich wahr zugleich ist jene Äußerung, die bei *Hauser* der Handlung selbst ganz gleich zu achten ist. Er will zwar denen nicht übel, die ihn so grausam behandelt haben, aber lieben kann er sie doch auch nicht. Er gibt ihnen reichlich, damit sie keinen Mangel leiden, und will sie dann nicht weiter um sich haben. Den Ruben aber, der ihm Gutes getan, den liebt er, den behält er bei sich.

Eine seiner köstlichsten Äußerungen, die er im Oktober 1828 tat, ist folgende: Er denke auch deshalb ungern an seine Einsperrung zurück, weil er sich die Angst vorstelle, in der der Unbekannte, der ihn gefangen hielt, gelebt haben müsse. Dieser habe wahrscheinlich immer auf seinen Tod gehofft, der nicht erfolgt sei, und so glaube er, daß der Unbekannte, bis er sich seiner entledigt habe, in der qualvollsten Unruhe gelebt habe, was ihm wehe tue, wenn er sichs vorstelle. Solche Äußerungen waren damals bei *Hauser* weder durch Erziehung und Bildung überhaupt, noch insbesondere durch religiösen Einfluß begründet, sie flossen rein und selbständig aus seiner in ihrer Ursprünglichkeit noch ungetrübten Menschennatur, die aber das Leben in der Welt bald zum Abfall von sich selber nötigte.

Der an ihm verübte Mordversuch machte einen üblen Eindruck auf sein Gemüt. Er äußerte nachher, wenn der Unbekannte, der ihn in der Gefangenschaft gehalten und von dem er fest behauptete, er sei derselbe, der jene Tat verübt, früher entdeckt worden wäre, würde er für ihn gebetet haben, weil er ihn doch als

Kind aufgenährt und nicht getötet habe. Jetzt aber, wenn man ihn ergriffe, möge man mit ihm tun, was man wolle. Als er einige Wochen nach seiner Verwundung sich im Schießen nach der Scheibe übte und einmal gut getroffen hatte, kam er jubelnd zu mir gelaufen und sagte, jetzt könne er schon einen Menschen totschießen. So umgestimmt war damals das früher so harmlose Wesen, das kein Tierchen zu beleidigen vermochte, auch wenn es ihn selber quälte.

IV. Hauser in Beziehung auf das weibliche Geschlecht

Hausers Natur verhielt sich lange Zeit in geschlechtlicher Beziehung völlig indifferent, und sein Sexualvermögen war in tiefen, unerwecklichen Schlummer versenkt. Anfangs wollte er mit aller Gewalt ein Mädchen werden, weil ihn die schmucken weiblichen Kleider reizten und nach seiner Meinung zu der Umwandlung nichts gehörte als die Veränderung des Anzugs. Später jedoch, als er, ohne zwar den Geschlechtsunterschied zu fassen, die weibliche Natur und ihre Stellung in der menschlichen Gesellschaft als eine eigentümliche erkannte, änderte sich diese Neigung in das Gegenteil um. Für *Hauser* gab es nichts Höheres als das Wissen und das Vermögen, kraft dieses Wissens zu wirken; da er nun sah, daß im Reiche des Wissens das männliche Geschlecht die Herrschaft behaupte, so setzte sich in ihm die Ansicht fest, dies Geschlecht sei eine höhere Gattung von Wesen als das weibliche (1828 und 1829)*). Die den letzteren anheimgestellten Verrichtungen und

---

*) Bei einem Mann im Irrenhause zu Nürnberg fand ich dagegen die Ansicht, daß Bdas Weib eine höhere Organisation sei als der Mann. Er sei einmal, hörte ich ihn sagen, von einer bösen Fee in ein Schwein verwandelt worden. Eine gute Fee

Fertigkeiten flößten ihm als untergeordnete wenig Achtung ein, und den eigentümlichen sittlichen Wert der Weiblichkeit war *Hauser* damals noch nicht zu erkennen fähig. Dazu kamen mancherlei Bemerkungen, die er in der Gesellschaft junger Personen weiblichen Geschlechts zu machen Gelegenheit hatte und die ihn in seiner Ansicht bestärken mußten. So unvernünftig und unglaublich ihm auch von manchen weiblichen Personen geschmeichelt wurde (ich könnte wunderbare Beispiele davon anführen), so gewannen sie doch nichts anderes damit, als daß er sie geringschätzte. Am höchsten standen bei ihm alte und vielbeschäftigte, wenn auch nur dienende Frauenspersonen, die jungen und ihre Zeit mehr in geselligen Unterhaltungen hinbringenden Frauenzimmer pflegte er in schonungslosen Ausdrücken herabzusetzen.

Als ihm im Sommer 1828 bemerklich gemacht wurde, daß die Natur das Männchen bei Vögeln, wie beim Hahn und Pfau, durch Federschmuck ausgezeichnet habe, sagte er, bei den Menschen sollte das auch so sein; die Männer sollten schöner geputzt sein als die Weiber, weil sie mehr verständen. Um dieselbe Zeit tat jemand die Frage an ihn, ob er auch einmal eine Frau nehmen wolle? Was soll ich mit einer Frau tun? erwiderte er, die kann mir nichts lehren. Nichts, pflegte er zu sagen, komme ihm einfältiger vor als das Heiraten; denn wozu brauche man eine Frau? Als man ihm sagte, Ehefrauen hätten dem Hauswesen vorzustehen, erwiderte er, man könne sich ja eine Magd halten; und da ihm bemerkt

dagegen habe beschlossen, ihm die menschliche Gestalt wieder zu geben. Aus einem Schweine aber könne man nicht sogleich in ein Weib verwandelt werden, sondern müsse zuvor ein Mann werden. Deshalb habe er seine gegenwärtige männliche Gestalt erhalten und sehe nun der Zeit entgegen, in der es möglich sein werde, ihn wieder zum Weibe zu machen. Eine Weiberhaube hatte er bereits aufgesetzt und ließ sich mit einem weiblichen Namen nennen. – Gegenwärtig, wie mir der Arzt des Irrenhauses sagt, glaubt er, die Verwandlung sei wirklich vorgegangen.

wurde, mit einer Frau könne man freundschaftlicher und vertraulicher umgehen als mit Dienstboten, daher sei dies Verhältnis annehmlicher, und das Hauswesen werde so besser besorgt als durch bloße Dienstboten, die weniger treu und eifrig wären, entgegnete er, wenn man mit einer Magd nicht zufrieden sei, könne man sich eine andere wählen. Es gebe recht brave Dienstboten. Da sei z. B. die alte Bärbel (die Magd des Herrn Bürgermeister Binder), die würde er sich nehmen, und die würde ihm alles tun, was und wie er es haben wolle.

Nichts war ihm mehr zuwider als Liebesgeschichten. Er wisse gar nicht, warum denn einer immer nur eine bestimmte Frauensperson haben wolle und keine andere; als wenn er nicht ebenso eine andere nehmen könnte.

Im Oktober 1828 entdeckte es sich, daß er mit dem Worte Frauenzimmer ausschließlich die Vorstellung junger weiblicher Personen verband, die sich mit keiner ernsten Arbeit beschäftigen, wie sie sich ihm öfters in Gesellschaften zeigten. Frauenzimmer, sagte er, seien zu nichts nütze als zum Dasitzen. Oder: Frauenzimmer könnten nichts als dasitzen und ein wenig nähen oder stricken. Von den weiblichen Personen meines Hauses, die er immer zweckmäßig beschäftigt sah, behauptete er, sie seien keine Frauenzimmer. Als z. B. meine Mutter einst, da er in seiner Weise die Frauenzimmer heruntersetzte, zu ihm sagte, sie sei ja auch ein Frauenzimmer, ob denn bei ihr auch stattfinde, was er tadle, entgegnete er: Sie sind kein Frauenzimmer, sondern eine Mutter. Frauenzimmer, pflegte er zu sagen, äßen und tränken unaufhörlich und alles durcheinander und seien demzufolge immer krank. – Die Weiber hätten einander so viel zu erzählen von der Not und Plage, die sie hätten, und das alles um des Essens und Trinkens willen. – Frauenzimmer schmähten hinter dem Rücken auf andere Weiber, denen sie nicht gut seien, und wenn sie mit ihnen zusammenkämen, schmeichelten sie ihnen doch. – Zuweilen sage eine der andern: Höre, ich will dir was anvertrauen, aber du mußt es niemand sagen; was denn diese auch gar sehr zu befolgen verspreche. Begegne nun letztere einer dritten und diese sage: Weißt du nichts Neues? so entgegne jene: ich wüßte wohl etwas, aber du mußt es nicht weitersagen, und entdecke sodann das ihr anvertraute Geheimnis und so weiter.

Im Sommer 1829 ärgerte er sich gewaltig darüber, daß er bei einem Paradezug von Seiltänzern einer in diesem Zuge reitenden Frauensperson, deren Putz, Figur und Reitkunst seine Aufmerksamkeit auf sich gezogen hatten, ein paar Straßen weit nachgegangen war. Da sei ihm, sagte er ärgerlich, doch auch einmal geschehen, was, wie er höre, zuweilen bei andern der Fall wäre, er sei *einem Weib nachgelaufen.*

Daß man beim Weibe Schönheit suchen oder vermissen könne, schien ihm ganz fremd zu sein. Als er ein komisches Bild sah, wo bei einem Tanze, nachdem die hübschen und jungen Frauenzimmer an andere Tänzer gekommen waren, einem nur eine häßliche, dürre Alte überblieb, begriff er nicht, was gemeint sei, und fragte, ob denn die Alte nicht auch tanzen könne? Da man entgegnete, sie könne wohl, aber sie sei alt und häßlich, erwiderte er, das tue ja gar nichts, wenn sie nur tanzen könne (Herbst 1829). Für männliche Schönheit entwickelte sich in ihm ein Sinn, während er weibliche noch ganz übersah. Öfters hörte ich ihn jene preisen, letztere nie; außer, daß er einmal (Dezember 1829) die *Schönheit* einer mir persönlich nicht bekannten *zweiundsiebzigjährigen* Dame, mit der er sich sehr angenehm unterhalten und in deren Äußerem ihn wahrscheinlich eine geistige Anmut angesprochen hatte, nicht genug zu rühmen wußte.

V. Hausers Verhalten in religiösen Beziehungen*)

Die Äußerlichkeiten des Gottesdienstes waren *Hausern* anfangs nicht nur völlig fremd, sondern widerwärtig und unerträglich. Als er zuerst in eine Kirche kam und des Predigers erhobene Stimme vernahm, meinte er, der Mann «zanke» mit den Leuten da. Das Singen der Gemeinde, wie des Predigers Vortrag war ihm ein widerwärtiger Lärm und Unfug, der sein höchst feines und reizbares Gehör beleidigte. Erst, sagte er ärgerlich, schrien die Leute, und wenn diese aufhörten, fange der Pfarrer zu schreien an. Die Kruzifixe in den Kirchen erregten ihm den ungeheuersten Schauder, weil er die angenagelten Christusbilder für gemarterte lebendige Wesen hielt. Ich hörte ihn in Kirchen mit dem Ausdrucke höchsten Schmerzes flehen, diese Menschen nicht so zu quälen, sondern von ihren Kreuzen herabzunehmen. Von der Art, wie er sich bei Betrachtung anderer religiöser Bildwerke zu benehmen pflegte, ist folgendes ein Beispiel. Als er im Oktober 1828 den betenden Christus an der Lorenzer-Kirche sah, sagte er, das sei ein einfältiges Bild; der eine bitte um etwas und könne doch nichts empfangen, da er von Stein sei, der andere aber (Gott Vater) könne ihm nichts geben, weil er auch von Stein sei**).

---

*) Es kommt zwar in diesem Aufsatz einiges vor, was schon im Feuerbachschen Werke ausgehoben worden ist; ich konnte dies aber nicht weglassen, ohne den Zusammenhang der hier gegenwärtigen Darstellung allzusehr zu beeinträchtigen.

**) Diese Äußerung ist zugleich in anderer Beziehung merkwürdig. Es ist früher bemerkt worden, daß *Hauser* alle Bilder für das nahm, was sie vorstellten, und keinen Unterschied von Bild und lebendiger Wirklichkeit zu machen wußte. So als er im September 1828 die Steinbilder unter der Burg von Nürnberg betrachtete, lachte er über den schlafenden Johannes, der ein Buch in der Hand hält, *«weil dieser lernen wolle und doch schlafe».* In der oben im Texte angeführten Äußerung dagegen sehen wir ihn im Übergang zu dem Vermögen, Bild und Abgebildetes, Lebloses und Lebendes zu unterscheiden, aber aufs wunderlichste mischt sich noch

Versuche, ihm religiöse Vorstellungen beizubringen, wie man sie vor meiner Bekanntschaft mit ihm angestellt hatte, waren gänzlich mißglückt. Man hatte ihm gesagt, es sei nur Ein Gott und der sei überall. Der erste Teil dieser Belehrung beunruhigte ihn nicht, weil er unter Gott wohl irgend ein menschliches Wesen verstand; desto mehr der zweite. Er verfiel, wie mir von Augenzeugen erzählt worden, in sein eigentümliches, tiefes Nachsinnen, stand lange Zeit mit konvulsivischen Bewegungen da und hatte endlich herausgebracht, daß dies nicht möglich sei, da auch er (Hauser) nicht mehr als an einem Orte zugleich sein könne. Denn seine eigene Beschaffenheit, sein eigenes individuelles Vermögen pflegte er zum Maßstab alles anderen zu machen. «Kaspar *da* – nit *da* – nit *da*», soll er gesagt haben, verschiedene Stellen bezeich-

sein früheres Nichtunterscheiden in dies beginnende Unterscheiden. Jener Mann von Stein bittet um etwas und scheint ihm das als ein lebendes Wesen zu tun, aber zugleich hat er schon das Bewußtsein, daß es nur ein lebloses Bild von Stein sei, welches daher nichts brauche und nichts empfangen könne und daher töricht handle, etwas zu bitten und zumal von einem andern Mann von Stein, der ihm nichts geben könne. Auf solche Weise mischt sich zuweilen im Traume das Unvermögen, die Gebilde des Traumes als bloße Vorstellungen zu erkennen und von der Wirklichkeit zu unterscheiden, mit dem Bewußtsein, daß es bloße Vorstellungen seien. So in einem Traum, von dem ich einst las, wo jemand mit einem Wirte über eine zu hohe Rechnung stritt und ihm endlich sagte: Nehmen Sie bald, was ich Ihnen biete, *denn, wenn ich erwache, bekommen Sie gar nichts!* – Ein Bewußtsein, daß ich nur träume, habe ich selbst öfters im Traume. Ich stand z. B. einmal im Traume vor einem Spiegel, betastete das Spiegelglas und dachte: Wie sonderbar! Ich habe ein so verstimmtes Gefühl von der Glätte dieses Spiegelglases und träume doch nur! – Ein andermal erwachte ich mit Alpdrücken aus dem Schlafe, stand auf, machte mir im Zimmer zu schaffen, legte mich wieder nieder und schlief wieder ein. Ich erwachte zum zweiten Mal mit Alpdrücken, stand auf und dachte: Sollte ich denn das vorigemal, da ich zu erwachen und aufzustehen glaubte, nur geträumt haben? Ich legte mich nieder, schlief wieder ein, erwachte wieder und dachte, da ich nochmals aufstand: Sollte ich denn die beiden vorigen Male, da ich zu erwachen glaubte, nur geträumt haben? Und nochmals schlief ich ein und erwachte endlich aus diesem Traume (denn alles dies war nur ein Traum) zum wirklichen Wachen, wo ich auch das, was ich im Traume verrichtet hatte, ungeschehen fand und mich überzeugte, daß ich nur geträumt hatte.

nend (er sei hier, nicht dort oder an einem andern Orte). Wegen der Verwirrung und Beängstigung, in die ihn die Geistlichen durch ihren Religionseifer versetzten, hatte er die größte Furcht vor ihnen. In Beziehung auf einen Geistlichen, der ihn besucht hatte, sagte er mir einst (im Sommer 1828), er sei erschrocken, da er gehört, es sei ein Pfarrer, und da ich nach dem Grunde fragte, entgegnete er, daß ihn diese Leute schon sehr gepeinigt hätten. Einmal im Turme seien vier auf einmal zu ihm gekommen und hätten ihm Dinge gesagt, die ihm unbegreiflich gewesen, z. B. daß Gott Alles aus Nichts erschaffen habe. Da er habe wissen wollen, wie das zugegangen sei, hätten sie alle zusammen gesprochen (geschrien nach seinem Ausdruck), und jeder habe etwas anderes gesagt. Auf seine Erwiderung, das verstehe er nicht, er wolle erst lesen und schreiben lernen, hätten sie geantwortet, jenes müsse man zuerst lernen. Auch wären sie nicht eher gegangen, bis er zu ihnen gesagt, sie sollten doch jetzt einmal fortgehen*). Ein andermal erzählte er, er habe ihnen angedeutet: wenn er etwas machen wolle, so müsse er etwas haben, woraus er es mache**), sie sollten ihm sagen, wie Gott etwas aus Nichts habe machen können. Hierauf hätten sie zusammen eine Zeitlang geschwiegen, und dann miteinander zu reden angefangen, so daß er nun gar nichts mehr habe verstehen und unterscheiden können.

So sehr auch *Hauser* einem Kinde glich, so war doch zugleich sein Wesen von dem eines Kindes außerordentlich verschieden. Kinder gewöhnen sich leicht, auf Autorität der Erwachsenen hin gedan-

---

*) Ich hatte ihn, da er mir über den Andrang der Neugierigen Klage führte, bedeutet, er möge, wenn neugierige Leute ihn bedrängten, nur erklären, daß er zu lernen habe und daß sie ihn daher ungestört lassen möchten. Das führte er in größerem Maße aus, als ich es gemeint hatte, und suchte ohne Unterschied alles fortzutreiben, was zu ihm kam, so auch einmal Herrn Regierungspräsidenten v. *Mieg*, wie ich aus dessen eigenem Munde weiß.

**) Er geht hier wieder, wie oben, von sich selber aus.

kenlos anzunehmen und nachzusagen, was diese ihnen vorsagen; so war es bei *Hauser* nicht, der überall und durchaus *begreifen* wollte. Unter solchen Umständen versuchte ich einmal, ihm einiges von den Gegenständen des religiösen Glaubens auf folgende Weise näher zu bringen, indem ich, wie er selbst zu tun pflegte (siehe oben), von der Beschaffenheit und dem Vermögen seines eigenen individuellen Wesens ausging. Ich machte ihn zuerst darauf aufmerksam, daß Wille, Gedanken, Vorstellungen in ihm seien und fragte ihn dann, ob er diese sehen, hören und so weiter könne. Da er es verneinte, sagte ich ihm, er erkenne daraus, daß es Dinge gebe, die man nicht sehen, hören und so weiter, noch sonst äußerlich wahrnehmen könne. Er gestand es zu und zeigte sich ganz erstaunt und befremdet über die unkörperliche Natur seines innern Wesens. Ein Wesen, fuhr ich fort, das vorstellen, denken, wollen könne, nenne man Geist. Gott sei eines von den Dingen, die man nicht äußerlich wahrnehmen könne, und verhalte sich zu der Welt, wie sein (Hausers) Denken und Wollen zu seinem Körper. Wie er in seinem Körper durch sein Denken und Wollen Veränderungen hervorbringen, z. B. die Hand bewegen könne, wenn er wolle, so könne es auch Gott in der Welt. Er sei der in allen Dingen, in der ganzen Welt innerlich wirkende Geist, das Leben in allen Dingen. Ich hieß ihn dann den Arm bewegen und machte ihm bemerklich, daß, indem er seinen Arm bewege, sein Denken und Wollen in seinem Arm wirke und daß er es nicht tun könnte, wenn sein Wille nicht darin wäre. Ich fragte ferner, ob er nicht auch zugleich den andern Arm aufheben und beide Arme miteinander bewegen könne, und als er es tat und bejahte, sagte ich ihm, er sehe daraus, daß sein Denken und Wollen in zweien seiner Glieder zugleich sein könne, und so könne er verstehen, wie Gott an verschiedenen Orten zugleich sein könne und was es heiße, er sei überall oder allgegenwärtig. *Hauser* bezeigte große Freude, da ihm dies klar geworden war, und äußerte, was ich ihm da sage, sei doch etwas «*Wirkliches*», dagegen ihm die andern

Leute nie etwas Rechtes darüber gesagt hätten. *Denkbar* und *wirklich* war ihm also gleichbedeutend.

Einen andern Weg, *Hausers* starrer Verständigkeit beizukommen, als den hier eingeschlagenen, gab es nicht. Am allerwenigsten durfte man ihn so behandeln, wie die Geistlichen taten, welche forderten, daß er in kindlicher Einfalt und Ehrfurcht ihnen nachsprechen sollte, was sie ihm vorzusprechen beliebten, und welche sich nicht einmal die Mühe gaben, ihm Ausdrücke zu erklären, die er nie gehört hatte und die für ihn durchaus sinnlos sein mußten. Als er z. B. einmal in Gegenwart eines Geistlichen auf die Pfarrer schalt und die ihm dargebotene Vorstellung von Gott für etwas Albernes erklärte, sagte dieser zurechtweisend zu ihm: «Ja, Gott ist auch kein Mensch, er ist ein *Geist*!» Abgesehen davon, daß der Mensch doch auch ein Geist ist, bedachte der Mann nicht, daß das Wort «Geist» für *Hauser* noch ein sinnloser Laut war.

Seit der Zeit, da ich mit *Hauser* obigen Versuch angestellt, hörte dessen Widerspenstigkeit gegen die Idee Gottes auf. Als nachher durch die Gewöhnung an animalische Kost Abstumpfung des Geistes und Sinken der Verstandes- und Fassungskraft eintrat, ließ er sich auch die gewöhnlichen religiösen Vorstellungsarten gefallen, und ich hörte ihn nichts mehr hierüber bemerken und einwenden, bis nach dem Mordversuch, der den in Folge des Fleischessens eingetretenen Zustand veränderte und *Hausers* physischen und geistigen Zustand demjenigen, in welchem er sich vor diesem Genusse befunden, wieder sehr nahe brachte. Zwischen der Gewöhnung an animalische Kost und dem Mordversuch war nur eine kurze Zeit lang sein Denkvermögen entfesselter, während ein Arzneimittel auf ihn wirkte*). Damals faßte er eigentümliche Gedanken über Dreieinigkeit und Unsterblichkeit, die ihm jedoch, als das Mittel ausgewirkt hatte und neue Störungen des Befindens vorgefallen waren, wieder gänzlich aus dem Sinn

---

*) Vergl. 1. Heft S. 102.

kamen. Nach dem Mordversuch nahm er wieder eine sehr verneinende Stellung gegen die gewöhnliche religiöse Vorstellungsart an, wiewohl er der gemeinen Vorstellung von Gott überhaupt keinen Widerspruch entgegensetzte. Ich hörte zu dieser Zeit, wie jemand zu ihm sagte, auch Unglücksfälle könnten zum besten der Menschen dienen, und ihm als Beispiel anführte, wie jemand an Besteigung eines Schiffes durch einen Beinbruch gehindert worden, dieses Schiff aber nachher mit seiner Mannschaft untergegangen sei; so habe auch der Beinbruch jenem Menschen zum besten gedient. *Hauser* aber blieb bloß dabei stehen, *daß ein Beinbruch nichts Gutes sei und daß er auch das Bein nicht brechen möge.* In Beziehung darauf, daß Gott ihn vor Ermordung bewahrt habe, sagte er, daran, daß der Mann ihn nicht umgebracht habe, sei der enge Raum und die spanische Wand Schuld, wäre diese nicht gewesen, so hätte ihn der Mann niedergehauen und niemand hätte ihn gerettet. Auf die Entgegnung, daß es ja Gott so gefügt haben könne, daß die spanische Wand an den Ort gekommen, sagte er, er selbst habe sie zuvor angenagelt, da ihr Wanken ihm mißfallen habe; deshalb, weil sie angenagelt gewesen, habe sie der Mann nicht wegschieben und sich den gehörigen Raum verschaffen können. Der Bemerkung, Gott habe es ihm vielleicht in den Sinn gegeben, die Wand anzunageln, setzte er zwar keine entschiedene Verneinung entgegen, aber sein Benehmen zeigte, daß ihm diese Vorstellung nicht einging. Jenes «in den Sinn geben» schob die fragliche Sache aus der Sphäre des Faßlichen in ein Unbestimmtes, Begriffloses hinaus, deshalb wußte er keine bestimmte Antwort darauf, aber daß sein Mißfallen an der Lockerheit der Wand, die in seinem natürlichen Sinn für Ordnung und Zweckmäßigkeit gegründet war*), die Wirkung eines außer ihm existierenden

*) Wenn hier nicht etwa schon dunkel jene Ahnung wirkte, von der im ersten Hefte die Rede war. Ist dies so, so hat ihn seine halbsomnambule Beschaffenheit vom Tode gerettet.

Wesens gewesen sei, konnte ihm nicht glaublich gemacht werden. Als ihm jemand sagte, das Vertrauen auf Gott müsse ihn in Hinsicht der ihm bereiteten Nachstellungen beruhigen und auch jener Mordversuch sei nicht ohne Gottes Willen vorgefallen, so sagte er, hiemit habe Gott nichts zu tun, das täten die Menschen. Niemand werde ihn glauben machen, es sei Gottes Wille gewesen, daß der Mordversuch an ihm begangen werde. Der Mann habe dies für sich getan und Gott werde ihn dafür bestrafen. Das mache ihn zum Narren, daß er gehört habe, Gott lasse den Menschen ihren freien Willen und strafe sie für ihre bösen Handlungen, und doch sollten diese Handlungen auch Veranstaltungen Gottes sein.

Ich hatte bei *Hauser* in religiöser Hinsicht einen schweren Stand. Ihm eine gedachtere Ansicht von Gott als die sich durch und durch widersprechende gemeine beizubringen und dieselbe im Unterricht mit Bestimmtheit durchzuführen, war höchst bedenklich, und ich hätte mich dadurch großen Vorwürfen und Mißkennungen ausgesetzt, da eine solche Ansicht dem Unverstand leicht atheistisch erscheint oder wenigstens unter dem Namen des Pantheismus gehaßt und verketzert zu werden pflegt. Ich wäre in steten Widerspruch mit den Vorstellungen gekommen, die man *Hausern* von andern Seiten her beizubringen suchte, und es hätte so, zumal in Beziehung auf den Unterricht, den er in der Folge durch einen Geistlichen erhalten mußte, die heilloseste Verwirrung entstehen können. Ich mußte mich daher jenen Vorstellungen bequemen und ihn bei vielen seiner Fragen mit den schlechten Antworten gewöhnlicher Art abspeisen, wodurch er aber ganz und gar nicht befriedigt ward. Nach dem Mordversuch, da er eingetretener Augenschwäche wegen Monate lang nicht arbeiten konnte und man bei der Unmöglichkeit, ihn durch körperliche Bewegungen und Übungen zu beschäftigen, in Hinsicht der Ausfüllung seiner Zeit in großer Verlegenheit war, fragte er mich, ob er von Gott etwas Bestimmtes bitten dürfe und ob er es dann auch wirklich erhalten werde? Ich sagte ihm, zu bitten sei ihm gestattet, doch müsse er es der Weisheit Gottes anheimstellen, ob er ihm seine Bitte gewähren werde oder nicht. Er erwiderte, er wolle von Gott nur die Genesung seiner Augen erbitten, und gegen dieses könne ja Gott nichts haben, denn er wolle den Gebrauch seiner Augen nur deshalb wieder, um arbeiten und in seinen Einsichten fortschreiten zu können und seine Zeit nicht wie so oft in unnützen Gesprächen und Spielereien hinbringen zu müssen. Als ich ihm hierauf die Antwort gab, Gott habe zuweilen seine weisen, aber unerforschlichen Gründe, uns etwas zu versagen, wovon wir glaubten, daß es uns heilsam wäre, er wolle uns zuweilen durch Leiden prüfen, in Geduld und Ergebung in seinen Willen üben, so mußte dies natürlich auf einen *Hauser* denselben Eindruck machen, den die gleichen Belehrungen der Geistlichen und Frommen machten.

Schon im Oktober des Jahres 1828 hatte er vernommen, daß es verschiedene Religionsparteien gebe. Er äußerte damals in dieser Beziehung, es müsse doch einen geben, der unter allen am meisten wisse und verstehe, und von diesem müßten die andern sich überzeugen und zu *einer* Ansicht vereinigen lassen. Als man ihm um dieselbe Zeit bemerkte, er werde künftig einmal von einem Gottesgelehrten Unterricht empfangen, sagte er, den werde er recht ausfragen, um zu erfahren, wer Recht habe, und zu der Partei, die Recht hätte, wolle er sich halten. Es wäre von Interesse zu wissen, wie sich *Hauser* benahm, als er später, nachdem er aus meiner Verpflegung gekommen, von einem protestantischen Geistlichen Nürnbergs vollständigen Religionsunterricht erhielt. Was ich aus jener Zeit von ihm vernahm, ist Folgendes. Anfangs erzählte er mir, der Lehrer habe die Erklärung über dies und jenes, das er gefragt, auf folgende Lehrstunden verschoben, und erwartete vertrauend den versprochenen Aufschluß. Später fing er an zu klagen, daß er keine Aufschlüsse erhalte und überall, wo er begreifen wolle, aufs Glauben verwiesen werde, ja daß man ihm sogar sage, das Forschen über dunkle Gegenstände des Glaubens sei unrecht. Einmal äußerte er, warum denn Gott jetzt nicht mehr, wie in frühern Zeiten, zu den Menschen herabkomme, um sie über so vieles, was dunkel und streitig sei, zu belehren, auf welche Frage wie auf viele andere *Hausers* es in der Tat keine andere Antwort gibt als eine schlechte. Wie es einem *Hauser*, für den sich die Belehrung auf die allerwesentlichsten Punkte des christlichen Glaubens hätte beschränken sollen, vorkommen mußte, wenn ihm gesagt wurde, es gebe drei Himmel, im Jahre 1836 werde der Jüngste Tag kommen und dergleichen, kann man sich denken. Beim Lesen des Alten Testamentes fielen ihm Widersprüche in den Erzählungen auf. Obwohl *Hausers* Unglaube und Zweifel von mir, wie bemerkt, ganz und gar nicht gefördert wurde, so war er doch gewohnt, mit mir zu sprechen, wie es ihm ums Herz war, und wenn ich ihn nicht befriedigen konnte, so hörte ich ihn doch ohne Tadel und Ereiferung an, weshalb ich manches von ihm vernahm, was andere nicht zu hören bekamen.

VI. Zusatz zu X. des ersten Heftes (Ahnung des Mordversuchs)

Am 17. Oktober, sonnabends, ereignete sich der Mordversuch, am Montag zuvor befiel *Hauser* seiner Angabe zufolge die im ersten Heft beschriebene Ahnung. Es ist gesagt worden, daß *Hauser* über dieselbe sich vor dem Mordversuche nicht mit Bestimmtheit aussprach; hier aber will ich noch den Umstand bemerken, daß *Hauser* mir in den jener Woche vorausgehenden Tagen unter den Krankheitsbeschwerden, die, wie damals geglaubt wurde, von einer in Anwendung gebrachten Arznei herkamen, auch Angstgefühl nannte. Ich erinnerte mich dessen später einmal und fragte ihn, ob er nicht glaube, daß dieses Angstgefühl mit der in der Woche vom 12. bis zum 17. Oktober gefühlten Ahnung im Zusammenhange gestanden sei? Er verneinte es und sagte, jene erste Angst sei eine ganz andere gewesen als die in der Woche des Mordversuchs gefühlte, denn mit jener sei die Vorstellung, es werde ihn jemand umbringen, gar nicht verbunden gewesen. Demungeachtet stehen die beiden Erscheinungen höchst wahrscheinlich im Zusammenhang; jene erste Angst, die mir *Hauser* schon vor der Begebenheit angab, jedoch nur als physisch begründet, war wohl der erste noch ganz unbestimmte Anflug, nachher, als die Vorstellung dazutrat, es werde ihn jemand ermorden, verbarg er seine Gefühle aus Scham und Besorgnis, verlacht zu werden. Nux vomica, welche Arznei *Hauser* am 4. Oktober erhalten hatte und welcher ich die von *Hauser* vor dem Mordversuch angegebene Beängstigung damals zuschrieb, ist öfters bei *Hauser* angewendet worden und hat sonst niemals diese Wirkung gezeigt.

VII. Träume

1.

In meinem Hause schlief *Hauser* zum erstenmale in einem ordentlichen Bette, welches ihm im Gegensatze gegen die Härte seines frühern Lagers ungemein behagte, wiewohl dieses Behagen durch eine gewisse unangenehme Empfindung, die ihm die Federn (dynamisch) verursachten, gestört wurde*). Er hatte in der ersten

---

*) Diese Empfindung verlor sich später, aber nach dem Mordversuch, durch welchen er auf seinen frühern Nervenzustand zurückgeführt wurde, machte ihm das Liegen im gewohnten Federbette wieder eine unangenehme Empfindung.

Nacht, die er in diesem Bette zubrachte, auch seinen ersten Traum, der damit zusammenhing, daß sich in dieser Nacht die Krankheit, in die er damals verfallen war, zur Besserung entschied (vgl. oben I.). Herrn Bürgermeister Binders Gemahlin, zu der er eine ganz vorzügliche Zuneigung hatte*), sei, erzählte er, an sein Bette gekommen und habe ihn gefragt, wie er sich befinde. Auf die Antwort, sein Kopfschmerz sei noch nicht vergangen, habe sie ihm entgegnet, er solle nur Geduld haben, es werde schon besser werden, habe ihm die Hand gereicht, ihn gegrüßt und sich entfernt. Hierauf habe sich etwas vom Kopf herab in die untern Teile seines Körpers gesenkt, der Kopfschmerz sei vergangen und vor Freuden habe er *sehr gelacht**). Frau Bürgermeisterin, behauptete er nun fest, habe in der Nacht seinen Kopfschmerz mit fortgenommen. Man suchte ihn davon zu überzeugen, daß dieser Vorgang ein Spiel der Einbildungskraft gewesen, aber vergebens; er wisse es gewiß, er habe ihr ja die Hand gegeben und sie habe gesagt: Adieu, Kaspar. Auch als die Dame selbst erschien und jene Aussagen bestätigte, glaubte er ihr nicht, drückte sich auch zuweilen mit komischem Widerspruche so aus, er müsse freilich glauben, was ihm Frau Bürgermeisterin und Herr Bürgermeister sagen, aber *er wisse es doch gewiß*, daß sie bei ihm gewesen. Doch schien er endlich überzeugt. Als aber jene beim Fortgehen fragte, ob er sie heute noch besuchen wolle und nicht etwa noch zu schwach wäre auszugehen, erwiderte er, weil Frau Bürgermeisterin heute nacht zu ihm gekommen sei, so wolle er auch zu ihr kommen. Erst als er später mehrmals träumte, fing er an einzusehen, welche Bewandtnis es mit dem Träumen habe. An dem Tag, der auf jene wohltä-

*) Die liebevolle Behandlung, die er nach vielen rauhen und rohen Behandlungen in Herrn Bürgermeister Binders Hause erfuhr, hatte einen unauslöschlichen Eindruck auf ihn gemacht.

**) Hiermit ist jenes kindliche Lachen gemeint, wovon im ersten Hefte unter VII. Seite 41 die Rede gewesen.

tige Nacht folgte, hob sich seine Leibverstopfung, und es stellte sich zweimalige Öffnung ein. Der Kopfschmerz war, wie er geträumt hatte, verschwunden. Aber die ungeheuerste Nervenschwäche, schwere Verdauung und harte Öffnung blieben noch lange.

2.

Im Frühling 1829 hatte er folgenden Traum. Eine schöne männliche Gestalt in weißem Gewande trat vor sein Bette und reichte ihm einen Kranz mit dem Bemerken dar, daß er in vierzehn Tagen sterben werde. *Hauser* sagte zurückweisend, er sei noch nicht lange auf der Welt und möge noch nicht sterben, worauf jener entgegnete, es sei um so besser, wenn er, ohne lang gelebt zu haben, von der Welt scheide*). Hierauf legte der Mann den Kranz auf den Tisch, *Hauser* stand auf, ihn zu nehmen, da begann derselbe zu glänzen, und wie er immer heller und heller glänzte, sagte *Hauser*, ich will sterben, und wachte bald nachher auf. Ich hieß ihn den Traum aufzeichnen. Er schrieb folgendes:

«Am 2. April nachts hatte ich einen Traum, als hätte ich wirklich einen Mann gesehen, er hat ein weißes Tuch um den Leib hängen, seine Hände und Füße waren bloß, und wunderschön hatte er ausgesehen**). Dann reichte er mir die Hand mit etwas, das einem Kranz gleicht; dann sagte er, ich solle ihn nehmen; dann wollte ich ihn nehmen; dann gab er mir zur Antwort, in vierzehn Tagen mußt du sterben; dann gab ich ihm zur Antwort, ich mag noch nicht sterben, weil ich nicht lange auf der Welt bin, und nahm den Kranz nicht, als er mir zur Antwort gibt: es ist desto besser. Dann stund er eine Zeitlang vor mir, als ich den Kranz nicht

---

*) Welche trübe Ansicht vom menschlichen Leben, welche tiefe Schwermut spricht sich in diesen Worten aus!

**) Das Plusquamperfekt braucht *Hauser* als Imperfekt. So gleich unten wieder: «Hatte er einen herrlichen Glanz bekommen».

nahm, ging er rückwärts gegen den Tisch zu, legte ihn auf den Tisch; sobald er ihn auf den Tisch gelegt hatte, stund ich auf, und als ich näher kam, hatte er einen herrlichen Glanz bekommen. Dann nahm ich ihn und ging auf mein Bett zu, als ich näher dem Bett zu kam, bekam er immer einen stärkern Glanz, dann sagte ich: ich will sterben; dann war er fort; ich wollte in das Bett hineinsteigen, dann wurde ich wach.»

Der Kranz ist in der Symbolik dieses Traumes offenbar der Tod. Er ist anfänglich glanzlos, das heißt, er hat keine Bedeutung für *Hauser*, der deshalb nicht sterben mag. Allein der Kranz fängt an zu leuchten, und wie er immer heller und heller glänzt, erwacht Sehnsucht nach dem Tode und eine höhere Anschauung desselben in *Hauser*, der nun sterben will.

Von der wunderbaren Symbolik und Poesie, die in *Hausers* Träumen vorkam und die mit dem prosaisch-verständigen Sinne, der in seinem Wachen waltete, sehr kontrastiert, werde ich im folgenden Hefte noch mehr Beispiele und noch ausgezeichnetere geben.

VIII. Hausers Besuch bei einer Somnambulen

Im Dezember 1829 wurde *Hauser* aus gewissen Gründen mit einer Somnambulen zusammengebracht, die sich damals mit ihrem Magnetiseur, Herrn Prof. *Hensler* aus München, zu Nürnberg befand. *Hauser* wurde von der Nähe dieser Person aufs widerwärtigste angegriffen, so wie hinwiederum sie von *Hauser* eine besonders widrige Wirkung verspürte. Ich bestimmte *Hausern*, über die Empfindungen, die er hatte, folgendes zu Papier zu geben.

«Als ich an das Zimmer kam und die Tür von der Kranken geöffnet wurde, welche ich nicht kannte, fühlte ich ein plötzliches

Ziehen auf beiden Seiten der Brust, als wenn man mich in das Zimmer ziehen wollte, als ich hineintrat und an der Kranken vorüberging, wehte mich eine sehr starke Luft an, und als ich die Kranke im Rücken hatte, wehte es von hinten, und den Zug, welchen ich vorher an der Brust fühlte, fühlte ich nun an den Schultern. Als ich auf das Fenster zuging, folgte mir die Kranke von hinten nach; indem ich Herrn v. *Tucher* fragen wollte, bekam ich ein Zittern im linken Fuß, und es wurde mir unwohl, sie ging wieder zurück, und das Zittern verlor sich, sie setzte sich auf das Kanapee und sagte: Wollen sich die Herrn nicht setzen? Darauf sagte Herr Prof. *Hensler* zu ihr, sie sollte mich ansehen; so wie sie sich mir bis auf zwei Schritte näherte, wurde mir noch unwohler als vorher, und ich bekam in allen Gliedern Schmerzen. Herr Prof. *Hensler* sagte ihr, daß ich der Mensch sei, der geschlagen wurde*); indem bemerkte sie meine Narbe und deutete darauf hin, da ging mir die Luft stark an die Stirne, und ich bekam Schmerzen daran; auch fing mir der linke Fuß stark an zu zittern. Die Kranke setzte sich auf das Kanapee und sagte, daß ihr übel sei, und ich sagte auch, daß mir so unwohl sei, daß ich mich setzen müsse. Ich setzte mich in das andere Zimmer, nun fing auch der andere Fuß an zu zittern. Obgleich mir Herr v. *Tucher* die Knie hielt, so konnte ich sie doch nicht stille halten. Nun bekam ich starkes Herzklopfen, und mir wurde im ganzen Körper heiß; das Herzklopfen ließ nach, und ich bekam Zittern im rechten Arm, welches nach einigen Minuten aufhörte, und mir wurde wieder etwas besser. Dieses Befinden blieb sich gleich bis den andern Morgen, da bekam ich wieder Herzklopfen und Zittern in den Gliedern, doch nicht so heftig; nach einer halben Stunde verlor es sich wieder; nachmittags um 3 Uhr kam es wieder etwas weniger stark und verlor sich noch früher, ich bekam eine weiche Öffnung und eine halbe Stunde darnach wieder eine, darauf wurde mir wieder ganz wohl.»

*) D. h. an dem der Mordversuch begangen worden war.

Die Somnambule wurde von *Hausers* Gegenwart sehr angegriffen. Ich hörte sie nachher, da sie in Schlaf gefallen war, noch die Worte sagen: «Das war ein harter Sturz für mich.» Sie fühlte noch den andern Tag ein Unwohlsein davon. Ich selbst konnte es im Zimmer der Somnambulen nicht aushalten. Große Angegriffenheit der Augen, die nachließ, wenn ich ins Nebenzimmer trat, sich wieder verstärkte, wenn ich zurückkehrte, und zuletzt Glut im Gesichte nötigte mich zu gänzlicher Entfernung. Als ich mich am andern Tage bewegen ließ, die Somnambule bei der Hand zu fassen, die ich bald zurückziehen mußte, und da mich auf Geheiß derselben der Magnetiseur anblies, geriet ich in einen fieberhaften Zustand und fühlte noch den nächsten Tag die widerwärtigste Gereiztheit.

Man beachte in *Hausers* Erzählung den Umstand, daß ihm erst nach weichem Stuhlgang wieder ganz wohl wurde. So fand ich sehr oft, daß sich sein Organismus der eingedrungenen feindlichen Wirkung durch Durchfall entledigte, bei Gerüchen, Genüssen, mineralischen und animalischen Einwirkungen.

IX. Einwirkung von Spinnen

Im Jahre 1829 am 9. September nachmittags ließ sich auf seinen Kopf eine Spinne an ihrem Faden herab. Als sie an den Oberkopf kam, fühlte er Frost und besonders starke Kälte an der Stirne, ohne daß er wußte, was die Ursache war. Als sie weiter herunter kam, fühlte er hin und zerdrückte die Spinne an der Unterlippe. Hierauf fühlte er an dieser Stelle über eine Viertelstunde lang einen brennenden Schmerz, der mit einem Schauder verging. Als er zu Bette ging, kam der Brennschmerz wieder. Nachts schwoll die Stelle, und es entstanden daselbst mehrere kleine Bläschen, aus welchen morgens weiße Flüssigkeit ging. In der folgenden Nacht kamen wieder mehrere Bläschen neben jener Stelle.

Am 26. August 1830 bekam er abends beim Lesen einen kalten Schauder «wie früher einmal von den Schlangen». Er sah sich um und bemerkte nichts. Es wurde ihm immer kälter, und bei genauerem Nachsehen entdeckte er nicht ferne an der Wand eine herabkriechende große Spinne. Er nahm einen Leuchter, um sie zu besehen, und zwar mit der Hand des rechten Armes, an welchem er sich vorher beim Turnen durch Auffallen am Barren einen krankhaften Zustand zugezogen hatte*). Bei der Annäherung ergriff ihn in diesem Arme so großer Schmerz, daß er den Leuchter fallen lassen mußte. Um diesen Schmerz zu beseitigen, näherte er den Finger dem stehengebliebenen Arzneigläschen, das zuvor gegen jene Verletzung angewandt worden war. Er fühlte einen schmerzlichen Zug von oben herab, dann ging die Empfindung zurück in die Schulter, von da in den Fuß und wieder zurück. Nach einigen Minuten war aller Schmerz vorüber. Lang dauerte aber das Kältegefühl, das die Spinne erregt hatte. Der rechte Arm, der bei Annäherung an die Spinne so heftig affiziert wurde, scheint in Folge der erwähnten Verletzung damals noch empfindlicher als gewöhnlich gegen solche Einwirkungen gewesen zu sein.

X. Wirkung einer Blume
(Von Hauser selbst geschrieben)

«Ich ging in Garten des Herrn Haubenstricker und fand eine Blume, die mir sehr wohlgefallen hat; ich sah es lange an, betrachtete es recht; dann fragte ich den Herrn Haubenstricker, was

*) Man vergleiche in der untenfolgenden Darstellung der homöopathischen Heilversuche den 14ten Fall.

dieses für eine Blume sei. Er gab mir zur Antwort: eine Kaiserkrone. Den andern Morgen erzählte ich es dem Herrn Professor, daß ich eine sehr schöne Blume gesehen, und erzählte ich, wie es aussah; dann sagte der Herr Professor, ich solle eine bringen, ich ging in den Garten und holte eine; als ichs anfaßte und abpflücken wollte, bekam ich die nämliche Empfindung als von den Schlangen, die ich gesehen habe, bekam ich ein Frost, nach einiger Zeit wurde es mir sehr heiß, und bekam eine ganze Viertelstund Kopfschmerzen, und meine Hand, in der ich die Blume trug, war, als wenn es lahm wäre. Dieses dauerte 5 Minuten. Eh der Kopfschmerz verging, gab's mir ein Schütter; dann sind die Empfindungen weggewesen, aber einige Stunden war mir nicht mehr so wohl als zuerst; ich bin sehr müde gewesen, und so ist es bei den Schlangen auch gewesen.»

Über die Wirkung der Klapperschlange, auf die sich *Hauser* hier bezieht, sehe man bei Feuerbach (*Ausgabe Dornach 1983, S. 88), wo dieselbe meinem Bericht zufolge angegeben ist.

XI. Berauschung durch Weinbeeren

Genuß von Weinbeeren und frischem Weinbeersaft erregte *Hausern* Zustände der Erhöhung, Erhitzung und Trunkenheit bis zu dem Grade, daß er seinen Rausch ausschlafen mußte. Nachdem er schon einmal eine Weinbeere gekostet und ich die Wirkung derselben gesehen hatte, untersagte ich ihm vor der Hand, Weintrauben zu essen; lüstern jedoch, kostete er einmal im September 1828 ein paar Tropfen aus Weinbeeren frisch gequollenen Saftes und stellte hierauf das vollkommene Bild eines Betrunkenen dar. Er ging schwankend, sprach mit schwerer Zunge und lachte beständig, indem er die Köstlichkeit des Saftes rühmte; der kleine Finger der linken Hand war in starker Bewegung, wie es bei starken Erregungen der Fall zu sein pflegte, und bald darauf muße er sich zu Bette legen. – So entwickelte hier die Frucht des Weinstocks, ganz wie sie aus den Händen der Natur kommt, Symptome, die bei andern nur der gegorene Saft erregt. Von grünen Weinbeeren stieg ihm Hitze in den Kopf, nicht so von blauen. Ein Gefühl des Ausströmens in Hände und Füße, das er von vielen Genüssen bekam, trat auch hier ein. Er selbst schrieb folgendes:

Vom 9. September 1828:

«Am Mittwoch abends aß ich von blauen Weintrauben den Saft, und ich hatte ihn kaum zwei Minuten im Leibe, bekam ich ein starken Schwindel, daß ich kein Buchstaben mehr erkannte. Ich konnte nichts mehr lesen und mußte mich schlafen legen. Ich aß nur ein Kaffeelöffel voll.»

Vom 5. September 1829:

«Er gab mir ein Beer von der Traube; ich aß. Es wurde mir anfangs ein wenig heiß im Kopf, nach diesem wurde mir sehr leicht im Kopf, auch (bekam ich) ein kleinen Schwindel, und es lief in den Armen und Füßen sehr stark heraus, als hätte mir jemand Wasser hingeschüttet, das hinunterlaufen würde bis an die Fingerspitzen (und Zehen).»

Das Eingeschlossene ist von mir ergänzt. – Zwischen beiden Vorfällen liegt ein Jahr; daher der zweite, bei schon verminderter Schwäche und Empfindlichkeit, den verhältnismäßigen Unterschied zeigt.

XII. Wirkungen von Metallen, Glas, Edelsteinen

Ich war bei den an *Hauser* anzustellenden Versuchen sehr durch die Rücksicht beschränkt, die auf seinen Gesundheitszustand zu nehmen war. So vorsichtig ich auch stets zu Werke ging, wenn ich mir solche Versuche erlaubte, so fielen sie doch zuweilen sehr nachteilig für ihn aus, was mir in absichtlicher Herbeiführung von Gelegenheiten zu wissenschaftlicher Beobachtung um so größere Beschränkung auferlegte. So wirkte einmal eine kleine Magnetstange, aus großer Entfernung gegen ihn gerichtet, heftig und schädlich auf ihn ein. Wenn ich die Wirkungen von Metallen und Gesteinen an ihm versuchen wollte, ließ ich ihn nur einen Finger nähern. Hauser pflegte bei solchen Versuchen den Zeigefinger der rechten Hand zu gebrauchen, weil die Einwirkungen auf die linke weit stärker waren*). Justinus Kerner dagegen ließ die Seherin von Prevorst die Steine mit der linken Hand halten, weil diese nach ihrer Aussage weit empfindlicher als die rechte war. Auch von einer andern Somnambule wird erzählt, daß ihr linker Arm eine besondere Empfindlichkeit gegen Metalle gehabt habe. Legte man in ihre rechte Hand ein Metall, so blieb diese ruhig, aber die linke bewegte sich. Die Alten schrieben dem Diamant und Achat eigentümliche Wirkungen zu, wenn sie an der linken Hand getragen wurden.

Obgleich Hauser in den ersten Zeiten bei äußern Verrichtungen vorzugsweise die linke Hand gebrauchte, so schonte er sie doch stets bei Berührung mineralischer Gegenstände. So hütete er sich auch wegen der Schmerzlichkeit der Empfindung, seine linke Hand in die Hand eines andern zu legen. Mineralische Reize, die bei Hauser, wenn er die rechte Hand der Wirkung aussetzte, nur bis an den Ellbogen hinauf fühlbar waren, wirkten, wenn er in gleichem Maße die linke preisgab, den ganzen Arm hinauf bis in

---

*) Vergleiche I. Heft Seite 24 mit der zweiten Note Seite 24, nebst der Note und unten in diesem Hefte Nummer X. Arnica nebst den Noten.

die Augen. Als er einmal Glas mit der linken Hand anfaßte, tat ihm der Arm sehr weh, und die Augen füllten sich mit Wasser. Als er es ebenso mit einer Koralle machte, deren Wirkung im rechten Arme schwach, ohngefähr wie die des Bleies (siehe unten), war und nur bis an den Ellbogen ging, kam die Kälte den ganzen Arm und den Hals hinauf; um die Augen wurde es kalt, in ihnen selbst fühlte er starkes Brennen, bis vieles Wasser herausgeflossen war und die Kälte sich verloren hatte. Einige Zeit hierauf scheint in Folge dieser Einwirkung Augenverdunklung eingetreten zu sein. Die quantitative Verschiedenheit der Metallmassen änderte nichts in der Art des Zuges, durch welche er die Metalle unterschied. Wenn die Kälte von Metall, Edelsteinen schnell den Arm hinaufkam, dauerte es verhältnismäßig länger, bis derselbe wieder warm wurde, als wenn die Kälte langsam aufwärts stieg. So wie die Kälte von den Fingern an aufwärts stieg, so nahm sie auch von oben her ab, bis sie zuletzt nur noch in der Fingerspitze, die zuerst den Eindruck empfangen hatte, empfunden wurde. Schneller als bei den meisten Metallen lief es ihm erkältend die Finger und den Arm hinauf bei Berührung des Goldes, minder schnell bei der des Silbers, noch langsamer der Reihe nach bei der des Stahls, Messings, Zinnes, Bleies. Stahl wirkte stärker als ungestähltes Eisen. Beim Reiten fühlte er durch den Sattel den Zug des darunter befindlichen Eisens, auch behauptete er, er sei deshalb weniger in Gefahr, den Steigbügel zu verlieren, weil das Metall desselben ihn an sich ziehe. Er sagte, er werde von dem unter dem Sattel befindlichen Eisen gezogen und sitze deshalb so fest im Sattel. Wenn er Spornen anhatte, so war es ihm, als würde er hinten an den Füßen gezogen. Silberne Spornen empfand er stärker als welche von Messing. – Als ich mit ihm in ein Gewölbe kam, das mit Messingwaren angefüllt war, zog es ihm am ganzen Leib nach allen Seiten hin, wo sich das Metall befand; er eilte wieder hinauszukommen und machte außen die Bewegung heftigen Schauders. – Er saß einst am Klavier, als ein Mann hereintrat, der Summen Silbergeldes in einem Sacke trug und diesen drei bis vier Schritte weit von ihm auf den Tisch legte. Er hörte auf zu spielen und blickte mit verstörten Mienen auf den Tisch und den Mann hin, stand dann auf und begab sich, den Schweiß von der Stirne wischend, in ein Nebengemach, wartend, bis sich der Mann entfernt hatte. Das Geld im Sacke hatte diese Wirkung auf ihn gehabt. Mit einem silbernen Löffel essend, mußte er so sehr zittern, daß er ihn kaum zum Munde führen konnte, weshalb ich ihm einen hölzernen anschaffte. Stärker als das ihn stark affizierende Gold wirkten Platina, Diamant, Quecksilber, Magnet. Letzterer wirkte nur dann erregend, und zwar in hohem Grade und aus großer Entfernung, wenn die Pole gegen ihn gerichtet wurden, die quer gegen ihn gerichtete Magnetstange spürte er nicht auf solche Weise. Nach dem Quecksilber wirkte Platina am stärksten; von einem dünnen Ring aus diesem Metall empfand er Ziehen ohngefähr drei Schritte weit. Quecksilber wirkte viel stärker als Gold. Als ich die Rückseite eines kleinen Spiegels gegen ihn hielt, spürte er den Zug neun Schritte weit. Schwefel, wenn er ihm den Finger näherte, zog stärker als Gold und erregte noch größere Kälte, wirkte jedoch in beiden Stücken schwächer als Quecksilber. Er fühlte den Zug von Schwefelfaden nicht ganz zwei Schritte weit. Ein Diamant wurde zwei Schritte weit verspürt. Der Stärke des Zuges nach war Diamant zwischen Platina und Gold. Er fühlte seine Wirkung den ganzen Arm hinauf. Wenn er mehrere Minuten lang den Finger gegen den Diamant hielt, zog sich die Wirkung vom Arm in die Herzgrube hinüber, wo er schmerzlichen Druck empfand. Auch Glas wirkte bei Berührung den ganzen Arm hinauf, während Metall nur bis an den Ellbogen zu wirken pflegte. Wenn er aus einem Glase trank, so zog sich eine schmerzlich-kalte Empfindung in drei Linien vom Munde das Kinn herab; die eine dieser Linien ging von der Mitte der Unterlippe an und war am empfindlichsten, die andern von den beiden Mundwinkeln. Unter dem Kinne vereinigten sich die drei Linien in eine, die bis an den Hals ging.

Als sich in der Folge das Schmerzliche der Empfindung verlor, blieb nur die in den beschriebenen Linien sich herabziehende Kälte. Das mit Wasser gefüllte Trinkglas machte geringere Wirkung als das leere. Von Kristall und unechten Steinen sagte er, sie zögen ihn wie Glas und die Empfindung ziehe sich wie bei diesem durch den ganzen Arm durch. Als er einen mit Papier umwickelten Kristall anfaßte, ging die Wirkung nur bis an das Handgelenk, als er ihn ohne Papier befühlte, bis an die Schulter. Jaspis zog wie Zinn, wirkte aber mit der Langsamkeit des Messings erkältend den Arm hinauf bis an den Ellbogen. Amethyst und Smaragd wirkten wie Zink, Bernstein wie Stahl, Calcedon wie Glas, den ganzen Arm hinauf; Malachit wie Blei, Lapislazuli etwas schwächer wie Glas und nur bis an den Ellbogen, Karneol wie Blei, Korallen ebenso. Diese Vergleichungen gab er selbst nur als ohngefähr an. Er pflegte aber die Wirkungen anderer Stoffe deshalb mit denen der Metalle und des Glases zu vergleichen, weil er die letzteren, denen er am häufigsten ausgesetzt war, am besten kannte. Salpeter zog ihn wie Glas, etwas stärker als Gold; Salpeter und Schwefel kamen mit ihrer Wirkung wie Gold, Silber und so weiter nur bis an den Ellbogen. Wenn er einen Bleistift in die Hand nahm, fühlte er ein Ziehen in derselben, das weit stärker war, wenn er einen spitzte. Auch will er bemerkt haben, daß er im letzteren Falle blaß wurde. Kalk brannte ihn auf der Hand wie Feuer.

Beobachtungen, die gemacht wurden, als seine Empfindlichkeit schon im Abnehmen war, sind folgende: Jaspis wirkte wie Eisen, Granit wie Zink. Steinkohle schwächer als Blei und nur bis ans Handgelenke. Granit zog, Braunkohle nicht, machte bloß Kälte. Eine Muschel wirkte wie Zinn, eine andere weniger stark als Blei; Alaun etwas stärker als Blei. Schon der Geruch des letzteren verursachte, daß ihm der Mund voll Wasser wurde, welches, nachdem er den Finger angenähert, *stark aus dem Munde floß*, bis die Kälte im Arm sich verloren hatte. Dabei bitterer Geschmack im Munde. Er roch den Alaun einen Schritt weit, «sauer und bitter». Zu Anfang Novembers bemerkte ich, daß er Silber nicht mehr fühle. Zu Ende Novembers zog sich noch vom Glase die Empfindung den ganzen Arm hinauf, aber langsam und schmerzlos. Damals spürte er das Quecksilber noch so stark , daß ihm, als er den Finger an die Rückseite eines Spiegels, der mit dem Brett überdeckt war, hinhielt, ein kalter Schauer durch den ganzen Körper fuhr. Gold wirkte zu Ende Dezembers nicht mehr auf ihn, und auch Glas nur, wenn er es mit der linken Hand berührte. In diesem Falle ging die Empfindung der Kälte ganz langsam aufwärts und nicht weiter als zum Ellbogen. Platina spürte er im März 1829 nicht mehr, Quecksilber am Spiegel im Juni noch ein wenig. Im Juni spürte er auch beim Anfühlen von Menschen nichts mehr, außer von mir ein wenig.

Es ist früher bemerkt worden, daß, als die Empfindlichkeit gegen Mineralien sich schon zu verlieren angefangen hatte, dieselbe durch den im Januar 1829 homöopathisch gegebenen Schwefel in der Erstwirkung erneuert wurde (I. Heft Seite 94). In der Nachwirkung aber folgte das Gegenteil (Seite 96), so daß er nun Quecksilber nur noch wenig spürte, gerade so, wie der schon einigermaßen überwundene Widerwille gegen Fleisch nach Anwendung der Silicea in vollem Maße zurückkehrte und dann in der Nachwirkung eine Lust zum Fleischessen sich einstellte, die vor der Anwendung dieser Arznei nicht vorhanden war (I. Heft Seite 99, 101 und 104).

Erhitzt und geschmolzen wirkte Metall äußerst heftig auf *Hauser*, selbst dasjenige, welches in festem Zustande schon nicht mehr von ihm verspürt wurde. Als er im Februar 1829 in einer Glockengießerei das geschmolzene Metall ausgießen sah, wurde er in großes Unwohlsein versetzt, und es ist dies die heftige Einwirkung, von der im I. Hefte die Rede war. Als er im November 1829 Bleikugeln goß und das Blei, das er im Pfännchen über dem Feuer hielt, heiß wurde und schmolz, bekam er von dem mit der zunehmenden Hitze des Metalles immer stärker werdenden Zug desselben Schmerz im Arme.

XIII. Homöopathische Heilversuche
(Fortsetzung)*)

5. Arnica

Am 15. Juli 1829 stieß sich Hauser, indem er sich zurücklehnen wollte, den Hüftknochen der rechten Seite an der Schneide eines Fenstergesimses an. Er fühlte von der Stelle, an der er sich gestoßen hatte, einen Schmerz den Rücken hinauf bis zum Genick, dann einen Riß im linken Auge**), mit Hitze im ganzen Körper, eine halbe Stunde darauf Kopfschmerz, der die Nacht durch dauerte und noch am Morgen des andern Tages verspürt wurde. Auf Kopfwaschen minderte er sich. An diesem Morgen fühlte er in der innern Seite des Augenlides vom linken Auge einen Schmerz, und aus dem Tränenpunkt dieses Auges kam eine eiterartige Absonderung hervor. Zugleich verging auch der Kopfschmerz. Es blieb etwas Unwohlsein und Schwere im Körper. Wo er sich gestoßen hatte, blieb die Stelle lange so empfindlich, daß er daselbst kein Anrühren vertrug. Er konnte nachts deshalb nicht auf dem Rücken liegen. Am Abend des zweiten Tags kam ihm ein widerlicher Geschmack in den Mund, mit Trockenheit des Mundes und starker Eingenommenheit des Kopfes. Nachts klebriger Speichel im Mund. Am Morgen des dritten Tages vermehrte Heiserkeit, Müdigkeit beim Aufwachen. Der Urin trüber als sonst. Es war ihm, als stecke etwas im Halse fest. Viel Husten mit

---

*) Herr Hofrat *Hahnemann* schreibt in einem Briefe über die an *Hauser* angestellten Versuche und gemachten Beobachtungen: «Sie sind von ungemeinem Belange zum Erweise der hohen Kräftigkeit unserer hochpotenzierten Arzneien und erleuchten zugleich unsere Physiologie. Lassen Sie unsere Feinde das Gegenteil in die Welt schreien. Es ist das Geschrei eines krankhaft Erblindeten: ‹Macht mir nicht weis, daß die Sonne scheine; ich weiß es besser, es ist Stock-Nacht!› Die Sehenden können einen solchen armen blinden Mann nur bedauern. Gott sei Dank, daß wir sehend geworden sind und viele hundert mit uns.»

**) Auffallend zeigt sich hier wieder die linke Seite als die ergriffenere.

dickem, klebrigem Auswurf. Vom Sprechen tat der Hals weh. Röte des Augenweißes, hauptsächlich war das *linke Aug**) entzündet. Schweres Denken, nachmittags starke Verschlimmerung. Sehr starker Mundgeruch.

Gegen Abend erhielt er Arnica zum Riechen, indem ich ihm den Stöpsel eines Gläschens näherte, in welchem ein mit Arnicaverdünnung befeuchtetes Kügelchen lag. Er roch die Arznei etwa eine Spanne weit; merkwürdig ist der erste Eindruck, den die Arznei auf ihn machte. Die Empfindung nahm den umgekehrten Weg, die die Wirkung des Stoßes genommen. Die Arzneiwirkung ging ihm zuerst in den Kopf, dann riß es ihm im linken Aug, von da ging ein brennender Schmerz das Genick hinab bis an die Stelle, an welcher er sich gestoßen hatte; von da ging die Empfindung wieder zurück bis ans Genick, worauf sie mit einem Schauder verschwand. Da er äußerte, die Arznei habe ihn zu heftig angegriffen, näherte ich ihm ein wohl zugestopftes Gläschen mit Kampferverdünnung, worauf sich die Arzneiwirkung milderte. Schon in einer Viertelstunde nach dem Riechen an Arnica schienen ihm die Krankheitsbeschwerden um einen großen Teil gemindert. Den Tag darauf klagte er über Rückkehr starker Arzneisymptome, worauf ich ihn nochmals, wie beschrieben, an Kampfer riechen ließ. Am sechsten Tage (20. Juli) war Anfang bestimmter Besserung, im August begann sie rückgängig zu werden. Es stellte sich das verschwundene Bedürfnis des Kopfwaschens nach dem Aufstehen wieder ein, er empfand Schwere im Leibe; auch fing er an, sehr dick und fett zu werden, worüber er sich bitterlich beklagte**) und höchst erfreut war, als ich ihm sagte, daß es für diese Art von Krankheit

---

*) Siehe die obige Note.

**) Eine der Sonderbarkeiten in *Hausers* Geschmack ist, daß ihm nicht nur das übermäßig Dicke den äußersten Abscheu erregt, sondern auch die andern wohlgefällige, nicht unverhältnismäßige Körperfülle widerlich ist und z. B. ganz wadenlose Füße ihm die schnönsten dünken.

(denn dies war es hier) eine Arznei gebe*); er erhielt nun Calcarea.

6. Calcarea. 18. August

Ich näherte den Stöpsel des Gläschens, worin das mit der Arzneiverdünnung befeuchtete Streukügelchen lag, und als er nichts empfand, ließ ich das Kügelchen mit Umkehrung des Gläschens einige Augenblicke auf dem Stöpsel sich bewegen, worauf ich diesen wiederum näherte. Er empfand die Wirkung, als es ohngefähr einen Zoll weit von der Nase war. Sogleich stellte sich ein kurz dauernder Husten und Eingenommenheit des Kopfes ein; starker Mundgeruch, Hitze, vorzüglich im Kopf, und Durst. Zweimalige Öffnung am ersten Tag. Die erste anfangs weich, dann hart; die zweite erst hart, dann weich. *Nach der Öffnung müde und abgeschlagen**).* Öffnung am zweiten Tag erst hart, dann weich und später als gewöhnlich. *Die Kleider wurden ihm zu weit***).* Bei nicht ungewöhnlichem Gehen und Reiten geht und reitet er sich wund. *Öftere Bewußtlosigkeitsanfälle, es ist ihm, als müsse er hinstürzen****).* Ein schwarzer Punkt geht beim Lesen und Zeichnen mit dem Auge. Früh dicker Speichel im Mund, die Zähne gelb, Augenbutter in den Augenwinkeln. Schweres Aufstehen; früh, je länger er liegt, desto müder ist er, und desto länger möchte er liegen bleiben. Weinerlichkeit, «er möchte lieber wei-

---

*) Er pflegte sich sonst auf die zu erhaltenden Arzneien sehr zu fürchten, weil sie ihm anfangs so große Leiden zuzogen.

**) Die eigentümlichen Wirkungen der Arznei lassen sich nicht verkennen. Abgeschlagenheit nach dem Stuhl ist ein bei Calcar. sehr hervortretendes Symptom.

***) Dies war Heileinwirkung. *Hahnemann* gibt in seinen Vorbemerkungen zur Calcarea *Dick- und Fettwerden bei Jünglingen* als einen der Fälle an, bei denen sich Calcarea vorzüglich hilfreich erzeigt. *Hausers* plötzliches Magerwerden war damals jedermann auffallend. Man sieht hier wieder ein Symptom der Psora verschwinden, während die Arzneiwirkung fortfährt, eigentümliche Beschwerden zu erregen.

****) Ein Symptom, welches sich bei Calcarea sehr bemerklich macht.

nen als tun, was man ihm sagt», alles war ihm zuwider. Die Hand
zitterte beim Halten eines Löffels. Starker Fußschweiß. Anlaufen
der Adern in der Hand, mit Gesichtshitze (noch am 7. Tag). Ekel
vor Fleisch. Starkes Haarausgehen (7. 8. und folgende Tage), so
daß er sich fürchtete, eine Glatze zu bekommen. Am 26. August
ließ ich ihn zur Milderung, da er gerade wieder schlechter war und
die Adern der Hände angelaufen waren, an einem wohlzugestöp-
selten Gläschen riechen, worin einige Tropfen Kampferauflösung
befindlich waren. Er roch sie wohl über zwei Zoll weit von der
Nase entfernt, und ich sah, *wie sogleich die aufgelaufenen Adern
zu verschwinden anfingen.* Hierauf etwas besseres Befinden. – Zu
seiner unaussprechlichen Freude schwindet seine Dicke immer
mehr, und die Kleider werden ihm immer mehr zu weit (27. 28. ff.
Aug.). Am 9. Tage ließ ich ihn nochmals am Kampfer riechen, weil
die zwar etwas gemilderten, aber immer noch starken Arzneibe-
schwerden sich nicht weiter verminderten. Erst am 4. September
aß er wieder mit Behagen Fleisch. Am 5. Sept. hörte der Mundgeruch auf. Am 6. Sept. leichtes Aufstehen vom Schlafe und Wohlsein den Tag über. Am 7. Sept. klarer Urin. Am 8. Sept. hörte das
Fußschwitzen und Schwitzen bei mäßiger Bewegung auf (es waren
damals noch sehr warme Tage). Am 9. Sept. hörte er auf, sich den
Kopf zu waschen. Am 10. September keine Augenbutter mehr in
den Augenwinkeln des Morgens. Er wird fortwährend magerer.
Die Vorderseiten des Rockes, die sonst knapp anlagen, kann er
weit übereinanderschlagen. Er genießt dabei so viel als vor dem
Riechen an der Arznei*). Am 11. Sept. kein Schleim mehr im
Munde des Morgens; großes Leichtigkeitsgefühl im Körper in
diesen Tagen**). Das Haarausfallen war noch am 16. September
nicht ganz verschwunden.

---

*) Der oben erzählte Fall mit der Spinne und die Berauschung durch Weintrauben,
die in diesen Tagen vorkamen, taten der Besserung keinen merklichen Eintrag.

**) Vor Calcarea war ihm schwer im Leibe.

7. Nux vomica

Calcarea brachte Besserung bis zum 24. September, da hoben starke mehrtägige Gemütsbewegungen ihre Wirkung gänzlich auf. Es stellten sich in Folge dieser innern Erschütterung wieder viele Krankheitssymptome ein, gegen welche nux vomica versucht wurde. Ehe es geschah, täuschte ich ihn und ließ ihn des Morgens an einem mit nichts befeuchteten Streukügelchen als an Arznei riechen, er roch weder am Stöpsel noch aus dem Gläschen selbst etwas. Dann machte ich es so mit einem durch Weingeist befeuchteten Streukügelchen. Am Stöpsel roch er nichts, wohl aber, da er das Gläschen nahe an die Nase hielt, aus diesem. Doch blieb der Geruch ganz ohne Wirkung. Auch eingenommenen Kopf, den er sonst sogleich nach dem Riechen einer Arznei bekam, hatte er nicht. Eine solche Arznei, meinte er, würde er fast einnehmen können. Abends, am 4. Oktober, ließ ich ihn an nux vomica riechen. Ich bereitete hiezu über die sonst als höchste gebräuchliche Decillion-Verdünnung hinaus, noch drei höhere Verdünnungen mit jedesmal dreihundert Tropfen Weingeist und zwei Schüttelschlägen; davon tat ich ein befeuchtetes Kügelchen in ein Gläschen und ließ ihn an dessen trockenem Stöpsel riechen. Er roch die Arznei etwa eine Spanne weit. Tags darauf ließ ich ihn des Morgens wegen starker Angegriffenheit an einem verstopften Gläschen mit Kampferverdünnung riechen, doch ohne mildernden Erfolg wahrzunehmen. Auf ein zweites Riechen minderte sich die Kopfbeneblung; ich ließ ihn noch öfter riechen, gleichwohl dauerten die eigentümlichen Arzneisymptome noch mehrere Tage lang. Weingeruch erleichterte nur auf kurze Zeit den Kopf. Vom Kaffeegeruch bekam er, wie es schien, einmal weiche Öffnung, ohne daß dadurch die Arzneisymptome*) aufgehoben wurden. Am

---

*) Daß es zweifelhaft ist, ob es bloß Arzneiwirkungen waren, was ich damals dafür hielt, wird sogleich aus dem Folgenden erhellen.

14. Oktober wollte es etwas besser werden, da roch er irgend etwas, worauf es wieder sehr schlecht wurde. Tags darauf gab ich ihm Kampfer zu öfterm beliebigen Riechen; da es in der bisherigen Weise nichts wirkte, so machte er das Gläschen auf und roch in einer Entfernung von ohngefähr vier Schritten, hierauf kam Besserung, es verschwanden die Arzneisymptome. Warum nux vomica so heftig und anhaltend wirkte, war mir unbegreiflich, bis ich von der Ahnung des nachher verübten Mordversuchs, die ihn in diesen Tagen befiel, Kunde bekam. Bei einer so tiefen physischen Aufregung konnte die Arznei keine gute Wirkung tun. Das Nähere über die von *Hauser* damals angegebenen Wirkungen war ich verhindert, zu Papier zu bringen, alles wird ohnehin durch jene höchst gereizte Stimmung ungewiß.

8. Aconitum

Hierüber ist schon im ersten Hefte Seite 74 f. die Rede gewesen.

9. Lycopodium. 15. Nov. 1829

Zuvor vorhandene Krankheitsbeschwerden waren (außer *Hausers* krankhafter Empfindlichkeit überhaupt): Mundschleim, Mundgeruch, Augenschwäche, Schwäche des Kopfes, dunkelroter Urin. Der Geschlechtstrieb schlummerte bis zu dieser Zeit gänzlich.

Ich bewahrte in einem Gläschen ein Präparat des Lycopodiums in Pulverform, bis zum vorletzten Verdünnungsgrade gebracht, welches man, um die gewöhnliche höchste Verdünnung zu erhalten, in gewässertem Weingeist aufzulösen und durch zwei folgende Verdünnungsgläser bis zur Decillion zu steigern hatte. Ich ließ aber in jenes Gläschen, welches das arzneikräftige Milchzuckerpulver enthielt, nur ein (größeres) Streukügelchen fallen, über eine Nacht darin liegen und dann wieder herausrollen, dieses lösete ich in hundert Tropfen bloßen Wassers auf und schüttelte das Gläschen mit zwei Armschlägen. Über dieses hinaus gedachte ich sodann noch weitere Verdünnungen zu machen. Ich hatte *Hauser* an allem, was ich zur Arzneibereitung brauchte, riechen lassen, um gewiß zu sein, daß nichts daran sei, was umstimmend auf ihn wirken könne. Ich ließ ihn aus neuen und ausgebrühten Gläschen drei und aus neuen und ausgekochten Stöpseln drei aussuchen, auch an den Streukügelchen riechen, von denen ich eines gebrauchen wollte. Als ich schon zwei Gläschen fertig hatte, ließ ich ihn zur Probe an dem dritten der ausgesuchten Stöpsel, den ich noch nicht aufgesetzt hatte, nochmals riechen. Nun muß an diesen mir unbewußter Weise eine arzneiliche Feuchtigkeit gekommen sein, oder wahrscheinlicher hatte sich während der Arzneibereitung ein Geruch hineingezogen*), doch konnte er von nichts anderem kommen als vom Lycopodium, denn ich hatte auf dem Tisch, wo ich mit der Bereitung beschäftigt war, sonst nicht Arzneiliches und war an diesem Tage mit sonst nichts Arzneilichem umgegangen. Kurz, er sagte, der Stöpsel (von dem er wußte, daß es einer von denen war, die er schon einmal für rein erklärt hatte) sei nicht mehr rein, es steige ihm ein Geruch in den Kopf, – und mußte in Folge dessen zu schreiben aufhören, womit er eben beschäftigt war (vormittags um 9 Uhr). Es wurde ihm zunächst voll und schwindlig im Kopfe, hierauf senkte sich's herab auf die Augen, dann brannten und tränten diese stark, und es wurde ihm schwer im ganzen Leibe. Das Tränen dauerte ungefähr 5 Minuten. Dann war es ihm, als ob Goldstückchen vor seinen Augen auf die Erde herabfielen, und er bekam etwas Kopfschmerz. Die Augen waren rot und fühlten Druck. Das Brennen

---

*) So rochen ihm unter den ausgekochten Stöpseln, die an dem Ort, wo ich zuweilen Weingeist aus der Flasche goß, in einer offnen Schachtel lagen, manche nach Weingeist, dessen Duft sich also hineingezogen hatte. Es versteht sich, daß *Hauser* nicht in das Zimmer kam, wo ich die Arznei bereitete.

dauerte fort. Nach zwei Stunden ließ ich ihn an einem verschlossenen Kampfergläschen riechen. Darauf minderte sich Brenn- und Druckschmerz und Röte der Augen. Mittags roch er zufällig Zimt; dieser Geruch wirkte sogleich auf die Augen, und das Brennen verschwand ganz. Er konnte nachher die Arbeit, die er hatte aussetzen müssen, fortsetzen. Einige Minuten nach dem Riechen des Zimtes brach ein Schnupfen aus, eine bei *Hauser* ungewöhnliche Erscheinung (von Witterungsveränderung pflegte sie nicht hervorgebracht zu werden). Dieser Schnupfen war wohl die Fortwirkung des durch die beiden genannten Gerüche nur gemilderten, nicht aufgehobenen Lycopodiums. Die Öffnung war wie gewöhnlich, aber es stellte sich zuvor ein Jucken, Brennen und Wehtun in der Eichel des männlichen Gliedes ein, das er sonst nie gefühlt hatte.

Der Schnupfen vermehrte sich an diesem und dem folgenden Tag. An den folgenden Tagen waren nach dem Erwachen die Augen trüb, rot, brannten und drückten, so daß er Augen und Kopf mit kaltem Wasser waschen mußte. Dann aber waren die Augen weit klarer als vor dem Arzneigeruch. Der Urin wurde hell. Am dritten Tag bekam er Husten, Halsweh und Rauhigkeit im Halse, was sich vermehrte, wenn er viel sprach. Nachmittags wurde er sehr heiser. Vor dem Stuhlgang erfolgte wieder das Brennen der Eichel, dann fand die erste Erektion statt. Es war ihm in diesen Tagen nicht wohl, wo er sich berührte, tats ihm weh, die Augen waren klar, aber schwach, er konnte nachts bis um drei Uhr nicht schlafen, dabei öfteres Augenbrennen. Vor dem Einschlafen kam Aufstoßen, dann fühlte er sich im Sprechen erleichtert. Tags darauf war das Befinden etwas besser, im warmen Zimmer bekam er einmal einen kleinen Fieberschauder. Beim Stuhlgang fanden dieselben Erscheinungen statt wie am vorigen Tage, ebenso am 5. Tage, nur daß die Öffnung später kam, entweder, weil er mittags außer Haus eine Speise gegessen hatte, in welche ein verdorbenes Ei gekommen und auf die er Magendrükken bekam, oder in Folge eines ihm empfindlich fallenden Geruches, dem *Hauser* selbst es zuschrieb*).

Sechster Tag: Das Drücken, Tränen, Brennen und die Röte der Augen beim Erwachen war verschwunden. Die Erscheinungen beim Stuhlgang waren dieselben. Auch vormittags kam eine flüchtige Erektion (nach der Erektion tat anfangs das Glied weh, am 5. und 6. Tag war dies nicht mehr der Fall). Die Augen werden immer klarer, sind aber noch außerordentlich schwach und reizbar, so daß er nichts lesen und schreiben kann, ohne daß Augenschmerz erfolgt, weit geringer jedoch als vor dem Empfang der Arznei.

Siebter Tag: Er bemerkte, daß er wieder in viel größere Weiten deutlich sehen könne. – Die Erscheinungen beim Stuhl sind dieselben. – Dies sei die beste Arznei, die er bekommen, äußerte er.

Achter Tag: Beim Stuhl dasselbe. *Neunter Tag:* Ebenso. Nach der Erektion kam große Kraft und Klarheit in die Augen; dies beschrieb er mir näher so. Es kam ihm von den Fußzehen an den Leib ein Gefühl, wie Spinnen laufen, wie dies in die Mitte des Leibes kam, wurde ihm warm, dann blieb es ein wenig stehen und stieg hernach weiter aufwärts; wie es an die Schultern kam, ging es schnell in den Hals, wo er an zwei Stellen ein Gefühl des Reißens oder Abreißens bekam, dann brannten ihm diese Stellen. Hierauf kam es ihm in die Augen, er hatte die Erscheinung des Goldfallens sehr stark, die Augen brannten; es war ihm, als flammte und blitzte es ihm in denselben, und seitdem waren sie sehr klar und kräftiger als sonst.

In den folgenden Tagen wurde das Befinden immer besser, er fühlte immer mehr Kraft, die Erscheinungen beim Stuhl blieben.

Am 10. Dezember brachte er des Morgens, da er sich barbierte, ein wenig Seife in den Mund und den Schlund hinab, welches er

---

*) Die Öffnung stellte sich damals, wenn sie nicht gestört wurde, pünktlich kurz vor halb vier Uhr ein. Lycop. hatte sie nicht in Unordnung gebracht.

sehr übel empfand. Nachmittags blieb die Öffnung aus, was wahrscheinlich die Folge der verschluckten Seife war. Bekümmernis und starkes Weinen war auch vorausgegangen. Doch stellte sich zu bestimmter Zeit das Brennen im Gliede und die Erektion ein.

Am 10. Dezember wurde das Brennen und Wehtun des Gliedes immer schwächer, die Erektion immer stärker. Jetzt wurde er auch zu anhaltenderer Anstrengung des Geistes und der Augen fähig.

Am 13. Dezember bekam er von einer anderswoher als gewöhnlich gekauften Gesundheitsschokolade, wiewohl er sie nur kostete und ihm sodann, da er den Unterschied bemerkt, andere bereitet wurde, Durchfallstuhl. Nachmittags kamen die Erscheinungen in den Genitalien zur bestimmten Zeit, statt der gewöhnlichen Öffnung aber, später als diese sonst einzutreten pflegte, ein abermaliger durchfälliger Stuhl.

Um diese Zeit bemerkte er mir, jetzt könne er erst schätzen, wie sehr seine Augen durch die Arznei gebessert worden seien. Denn sonst hätte er sich durch Weinen (wozu ihn gewisse Umstände in diesen Tagen öfters nötigten) die Augen weit mehr und auf längere Zeit verdorben, er hätte es zwei, drei Tage lang gespürt, jetzt gingen die Folgen bald wieder vorüber, und der sonst sehr starke Druckschmerz stelle sich nicht mehr ein.

Am 14. Dezember war das Brennen und Jucken in der Eichel vor der Erektion verschwunden. Es stellte sich dafür allmählich ein wollüstiges Gefühl ein, doch kam es zu keinem eigentlichen Geschlechtstrieb*). Am 15. fand starke Gemütserschütterung mit vielem Weinen statt, nachher Zahnschmerz und durch diesen eine fast schlaflose Nacht. Daher blieb am 16. die Besserung aus, nachmittags kam die Öffnung nicht, wiewohl zur bestimmten Zeit die Erektion. Die Augen waren sehr angegriffen und tränten, da er

---

*) Noch im Frühling 1830 hielt er sich über Erektion mit der größten Unbefangenheit als über etwas ganz Unnützes auf, was er nicht an sich haben wolle.

zeichnen wollte. Erst am 18. vormittags kam wieder Öffnung. Nachmittags ward *Hauser* durch das Zusammensein mit einer Somnambule angegriffen. Am 20. und 21. Dezember in Folge einer Erkältung der Füße Ausbleiben der Öffnung und Erektion. Letztere bleibt auch den dritten Tag aus, kommt aber am vierten des Morgens wieder*). Hier wurden meine Beobachtungen unterbrochen. Auch kam *Hauser* bald hierauf in ein anderes Haus und in andere Verhältnisse, wo man die Meinung hatte, daß Hauser seiner Natur überlassen und nur bei besondern Erkrankungen und dringenden Fällen ärztlich behandelt werden müsse. Eine mit Sorgfalt fortgeführte antipsorische Behandlung war somit nicht mehr möglich, und die folgenden Fälle stehen vereinzelt da.

10. Rhus

Im Winter 1830 wurde mir gesagt, daß er an Zahnschmerz leide, der ihm selbst die Nachtruhe raube, und daß er sich den schmerzenden Zahn herausnehmen lassen wolle. Ich hatte schon früher einmal, da er in meinem Hause lebte, das verlangte Zahnausnehmen nicht zugestanden, da dies für *Hauser* eine furchtbare Nervenerschütterung von nicht bestimmbaren Folgen gewesen sein würde. Jetzt kam ich gerade noch zur rechten Zeit, um den Wundarzt abzuhalten, der schon seine Instrumente ausgepackt hatte. Da für die Art des Schmerzes Rhus passend schien, so nahm ich den (trockenen) Stöpsel eines Gläschens, in welchem ich diese Arznei, bis zum 28. Verdünnungsgrade potenziert, in Pulverform aufbewahrte, und brachte ihn mit einem (größeren) Streu-

*) Später bei ausgesetzter antipsorischer Behandlung schlummerte das Vermögen wieder gänzlich ein. Graphit, in hoher Potenzierung angewandt, erweckte es einmal wieder, über welchen Fall ich jedoch nichts Näheres aufzuzeichnen vermochte.

kügelchen in Berührung, woran ich *Hauser* riechen ließ. Sogleich vermehrte sich der Schmerz; das über dem Zahn befindliche Auge wurde angegriffen und schmerzte, der Zahn fing an zu bluten. In einer Viertelstunde war aller Schmerz verschwunden. Rhus aber wirkte fort und brachte in den nächstfolgenden Tagen Besserung der durch Arbeiten sehr angegriffenen und geröteten Augen und des Kopfes, der freier wurde, so daß er wieder leichter faßte und arbeitete, da er zuvor bei strenger als früher betriebenem Unterricht in Folge der dadurch herbeigeführten Überreizung während desselben verwirrt und unfähig zu fassen wurde*). Einige Zeit darauf wurde er durch ein mit Gewürznelken bereitetes Gericht in starkes Unwohlsein versetzt, und eine mehrtägige Verschlimmerung scheint die Folge gewesen zu sein.

11. Nux vomica

Am 28. Mai sagte man mir, daß *Hauser* durch angestrengtes Nachsinnen über erweckte Erinnerungen aus seiner Kindheit sehr angegriffen sei und an Kopfschmerz leide. Ich machte daher im Beisein seines Vormunds, Herrn Baron v. *Tucher,* folgenden Versuch mit nux vomica. Mit dem Stöpsel eines Gläschens, in welchem ich diese Arznei, bis zum 28. Verdünnungsgrade gebracht, in Pulverform aufbewahrte, berührte ich ein Streukügelchen und ließ es in ein zweites Gläschen fallen, mit dem Stöpsel dieses zweiten berührte ich ein anderes Streukügelchen und ließ es in ein drittes Gläschen fallen. So machte ich es weiter bis zum fünften Gläschen. Ich kehrte die Verminderungsgläschen jedesmal um, so daß das Kügelchen einen Augenblick lang auf dem Stöpsel zu liegen kam. An den Gläschen, Stöpseln und Streukügelchen, die ich zur Ver-

*) Der Vorwurf zu großer Schonung *Hausers,* den niemand so genau kannte wie ich, zeigte sich, nachdem er nicht mehr unter meiner Aufsicht stand, durch eine Menge unerfreulicher Erfahrungen als unbegründet.

minderung brauchen wollte, hatte ich ihn zuvor riechen lassen, ohne daß er durch einen Geruch affiziert wurde; er hatte sie für ganz rein erklärt, und es ist also anzunehmen, daß der Geruch, der ihn nachher affizierte, von nux vomica kam. Ich ließ ihn an dem Stöpsel des fünften Gläschens riechen, und da er keine Wirkung empfand, an dem Gläschen selbst. Auch da erfolgte keine Wirkung, bis ich zum dritten Gläschen kam. Als er in dieses gerochen hatte, sagte er, es steige ihm ein Arzneigeruch in den Kopf; der Kopfschmerz verstärkte sich, die Augen waren sogleich angegriffener und wässerten. Nach einer Stunde jedoch war der Kopfschmerz ganz vergangen, und in den folgenden Tagen verbesserte sich sein gesamter Zustand allmählich, obgleich neue Anstrengungen des Nachsinnens und Gemütsaufregungen stattfanden. An dem Tage, da er gerochen, erfolgten nach dem Riechen zwei durchfällige Öffnungen.

12. Nux vomica

Im Sommer des Jahres 1830 kam er sehr herunter. Er klagte über Kraftlosigkeit und daß er fast gar nichts mehr fassen und merken könne. Er fing an, schwerer zu hören, er fiel vom Fleisch und hatte ein schlechtes Aussehen. Er machte sich wenig Bewegung, sein Appetit war gestört, er aß wenig, seine Lieblingsspeisen reizten ihn nicht mehr, Fleisch widerstand ihm; der Leib war aufgetrieben, jede Witterungsveränderung war ihm empfindlich; ein Brustschmerz quälte ihn hauptsächlich des Nachts und nahm ihm den Schlaf. Öftere Schweiße des Tags, nicht durch Bewegung hervorgebracht, mit Unwohlsein verbunden. Schwere Träume, gänzliche Gemütsverstimmung. Das Leben ist ihm zuwider.

Nach nicht langem aufmerksamen Lesen sah ich, da er mich einmal zu jener Zeit besuchte, daß seine Hand beim Halten des Papiers zitterte; worauf er über Kopf- und Brustschmerz klagte und Blut auswarf. Das Sprechen tat ihm weh. Er müsse, sagte er mir, schon drei Wochen hindurch, seit einer Kränkung, täglich Blut spucken. Es kam immer um 4 Uhr, zu der Zeit, da er sich gekränkt hatte*). Außerdem kam es auch nach Geistesanstrengungen, wie in dem oben beschriebenen Fall.

Am 13. Juli brach er Blut aus und mußte sich legen. Seine Empfindlichkeit war wieder außerordentlich erhöht. *Hausers* Leben wäre damals ohne Hilfe der Homöopathie gewiß bald zu Ende gegangen.

Nach einer mit dem Arzte getroffenen Verabredung ließ ich ihn im Hause und Beisein des Herrn v. *Tucher* am 15. Juli abends um 8 Uhr an nux vomica riechen. Drei Gläschen hatte ich zum Schein mit unarzneilichem Milchzucker gefüllt, den Stöpsel des zweiten hatte ich mit ein wenig Wein befeuchtet. Ich berührte mit dem Stöpsel des ersten Gläschens ein Streukügelchen und ließ *Hauser* riechen, er roch nichts; ebenso verfuhr ich mit den zweiten und dritten Gläschen. Auch da wurde nichts gerochen. Er sagte mir zugleich, daß er seit einiger Zeit einen fauligen Geruch in der Nase habe, der ohne Zweifel machte, daß sich sein Geruchsvermögen nicht wie gewöhnlich zeigte. Ich berührte nun mit dem Stöpsel eines Gläschens, worin ein mit der 34. Verdünnung (100XI) befeuchtetes Kügelchen lag, ein anderes Kügelchen und ließ es in ein reines Gläschen fallen; mit dem Stöpsel dieses Gläschens berührte ich ein drittes Kügelchen, das in ein drittes Gläschen kam. An dem Stöpsel dieses dritten ließ ich ihn riechen und, da er nichts roch, auch an dem Gläschen selbst, an dem er ebenfalls nichts roch. Ich sagte ihm sodann, er möge jetzt zusehen bis morgen, und wenn sich dann keine Wirkung äußere, wolle ich weitergehen. Er aber drang in mich, ihn weiter versuchen zu lassen, bis er eine Geruchsempfindung bekommen werde, da er

---

*) Diese Wiederkehr krankhafter Erscheinungen gerade zu der Zeit des Tages, da sie durch nachteilige Begegnisse und Einwirkungen erregt, zuerst hervorgetreten waren, habe ich öfters an Hauser bemerkt. (Vergl. unten Nummer 14. am Ende).

sehr wünsche, für sein Leiden Hilfe zu erlangen. Ich ließ mich verleiten, ihn auch an dem zweiten Gläschen riechen zu lassen. Da er wieder nichts zu riechen behauptete, fragte ich ihn, ob er denn sonst gar keine Empfindung durchs Riechen erhalten habe. Er antwortete, nur der Kopf sei ihm dadurch eingenommen worden, und zwar von dem zweiten Gläschen stärker als von dem dritten, an dem er früher gerochen. Der Kopf sei ihm ganz voll. Auch klagte er über stärkeren Kopfschmerz, und nach einer kleinen Weile warf er Blut aus. Schweiß brach aus, der Brustschmerz vermehrte sich, er mußte sich legen. Das Sprechen tat ihm weh, er verlangte gänzliche Stille. Man ließ ihn zur Milderung an Wein, später an Kaffee riechen, worauf sich die Beschwerden verminderten*). Großer Durst folgte und nach dessen Befriedigung ein Schlaf, der besser als der gewöhnliche war. Der faulige Geruch verschwand schon am andern Tag und kehrte nur noch einigemal zurück. Am zweiten Tag dreimal durchfällige Öffnung**). In der zweiten Nacht noch besserer Schlaf. Am dritten Tag kam kein Blut mehr. Am vierten Tag erfuhr ich von Herrn v. *Tucher*, daß sich *Hauser* sehr wohl befinde. Bald darauf hörte ich auch, daß sich die schweren Träume des Nachts verloren hätten. *Hauser* selbst bemerkte mir über diesen Fall schriftlich folgendes:

«Am 15. Juli bekam ich eine Arznei für ein Übel, welches ich schon seit einigen Wochen fühlte. Nachdem ich einige Minuten an der Arznei gerochen hatte***), bekam ich den Schmerzen sehr stark, so daß ich meinte, ich kann es nicht mehr aushalten, ich mußte Blut ausspucken eine ganze halbe Stunde, ehe der Schmerz nachgelassen hatte, dann überfiel mich ein starker Frost. Um 12

*) Wein wirkte wenig und vorübergehend, Kaffee dauernd.
**) Solche pflegte er vor dem Riechen an der Arznei nicht zu haben. Die Öffnung war sehr hart, öfters war er verstopft, zuweilen 3, ein paarmal 6 Tage lang.
***) Man verstehe: Einige Minuten nach dem Riechen 2c.

Uhr erwachte ich, und gegen dreiviertel auf 1 Uhr fühlte ich ein wenig Drücken ohne Schmerzen.

Am 16. morgens erwachte ich mit einem sehr müden Gefühl und trocknem Mund und sehr dicker Schleim mit einem unangenehmen Geruch. Am Tag bekam ich dreimal sehr weiche Öffnung mit einem sehr üblen Geruch. Ich hatte auch einen Geruch in der Nase, der ganz widerlich war, diesen verlor ich gegen Mittag. Abends um acht Uhr kam der Schmerz sehr heftig, aber ohne Blut auszuspucken, und haltet eine halbe Stunde an. In der Nacht erwachte ich gerade um diese Zeit und fühlte nur ein kleines Drücken ohne Schmerzen.

Am 17. Juli erwachte ich sehr matt und abgeschlagen und mit sehr vielem Schleim im Mund. Eine sehr weiche Öffnung den Tag über sehr abwechselnd bald besser bald schlechter.

Am 18. sehr viel besser im ganzen Leibe, die Öffnung nicht gar so weich mehr. Abends blieb der Schmerz ganz aus. Eine sehr gute Nacht, geschlafen ohne Aufwachen.»

13. Nux vomica

Am 9. August kam er zu mir und klagte, daß er durch gewisse geistige Aufregungen sehr angegriffen sei und an bohrendem Kopfschmerz in den Schläfen leide. Ich fragte ihn, ob er etwa gegenwärtig (was in frühern Zeiten der Fall gewesen, später aber sich verloren hatte) vom Glase ein Ziehen empfinde. Er verneinte es. Ich ließ ihn hierauf das Gesicht mit einem Tuche verwahren und einen Finger der rechten Hand über ein Gläschen halten, worin sich ein mit hochpotenzierter nux vomica befeuchtetes Streukügelchen befand. Auf die Frage, ob er etwas spüre, sagte er, es ziehe ein wenig. Ich hielt das, obiger Erklärung ungeachtet, für Wirkung des Glases und ließ ihn, nach sorgfältiger Verwahrung der Nase und des Mundes mit einem Tuche, den Finger über ein

Gläschen halten, worin sich einige Tropfen der bis zur Decillion verdünnten nux vomica befanden. Sogleich sagte er, das tue ihm weh, worauf ich ihn sich von der Stelle entfernen ließ, damit er keinen Duft einsauge. Beim Halten des Fingers über das Gläschen hatte er das Gefühl des Brennens am Finger, und es zog von den schmerzlichen Teilen des Kopfes durch den Arm stark herab, auch brannten und wässerten sogleich die Augen. Bald darauf war der Finger wie abgestorben und kalt. In ein paar Minuten nach Beginn der Arzneiwirkung war der Kopfschmerz vergangen. Den kalten Finger ließ ich, da ich selbst nicht wagte, *Hauser* zu berühren, von zwei unverdächtigen Personen befühlen, und sie erklärten ihn für kälter als die andern Finger. *Hauser* rühmte den Tag über die Besserung. Aber die Aufregungen erneuerten sich am andern Tage, und der Kopfschmerz kam stärker wieder. Ich ließ nun *Hauser* in seiner Wohnung, nach Verwahrung von Mund und Nase, den Finger über ein leeres und reines Gläschen halten, wobei er nichts empfand; dann über das am vorigen Tag gebrauchte Gläschen mit dem Kügelchen, worauf ein geringes Ziehen erfolgte, was ich jetzt also für Wirkung der Arznei erkennen mußte, Dann, da weiter keine Wirkung erfolgte*), ließ ich ihn den Finger mit verwahrtem Gesichte über den Stöpsel eines Gläschens halten, worin sich ein paar Tropfen der fast bis zur Duodecillion verdünnten nux vomica befanden. Es erfolgte von dieser höheren Verdünnung schwächeres Brennen und Ziehen als am vorigen Tage. Bald vermehrte sich der Kopfschmerz, und nach einiger Zeit entstand Schwindel, so daß Hauser sich nicht mehr aufrecht erhalten konnte und zu Boden sank. Er wurde aufs Bett gelegt, der Schwindel war nach ohngefähr einer Viertelstunde vergangen, der Kopfschmerz legte sich, und, was allen auffiel, *Hausers* ganzes Gesicht war verändert, die Farbe besser, die zuvor

---

*) Es wäre auch wohl schon diese Gabe hinreichend gewesen und die Heilwirkung darauf nicht ausgeblieben.

matten und wie von Weinen getrübten Augen waren hell und glänzten. Der Finger, durch den er die Wirkung empfand, war wieder wie abgestorben und kalt, welche lang anhaltende Kälte Herr v. *Tucher* und seine Gemahlin im Gegensatz gegen die übrigen wärmeren Finger deutlich empfanden. *Hauser,* der zuvor appetitlos gewesen, verlangte zu essen und lachte kindisch, als man ihm ein paar Lieblingsspeisen nannte, die er bekommen würde. Der Kopfschmerz jedoch, wiewohl vermindert, dauerte fort. Ohngefähr vier Stunden darauf entstand Heiserkeit, die auch den andern Tag dauerte. Den zweiten Tag auf Geistesanstrengung heftiger Kopfschmerz. Erst am 14. August fühlte er sich wieder ganz wohl.

14. Arnica

Der Arzt, von dem Vorgegangenen unterrichtet, wandte diese Verfahrungsart bei folgender Gelegenheit mit nicht minder auffallendem Erfolg selbst an. Ich habe, was ich hier mitteile, sogleich, nachdem es geschehen, aus *Hausers,* des Arztes und Herrn v. *Tuchers* Munde aufgenommen.

Als *Hauser* beim Turnen am 13. August sich am Barren in die Höhe heben ließ, vermochte er sich nicht zu halten und fiel mit dem rechten Arm unter der Achsel am Barren auf. Es entstand großer Schmerz; die Augen verdunkelten sich, und oben auf der Achsel erschien nach einiger Zeit unter der Haut ausgetretenes Blut. Es war ihm, als wenn Goldstückchen vor den Augen herabfielen, und wann er den Arm aufhob, kam Aufstoßen aus dem Magen mit üblem Geruch. Bei Bewegung des Zeigefingers tat die Schulter weh, Arm und Hand waren angeschwollen. Der Arzt, verhindert, selbst zu kommen, schickte ein mit Quadrillionverdünnung der Arnica befeuchtetes Streukügelchen, um *Hauser* riechen zu lassen. Ein Wundarzt, der zugleich gerufen worden war, roch an dem Gläschen, versicherte, hieran nichts riechen zu können, daß die Homöopathie hier nicht in Anwendung kommen könne und zur Abwendung der Gefahr schnell die gehörigen Maßregeln zu treffen seien. Er ließ kalte Umschläge mit Essig, Salpeter und Salmiak machen; hierauf vermehrte sich der Schmerz, und der Geruch des Umschlags erregte gewaltiges Kopfweh. Um Mitternacht erbrach sich *Hauser* und war so leidend, daß er glaubte sterben zu müssen; am andern Morgen war der Zustand ärger als am vorigen Tage. Herr Dr. *Preu,* der jetzt selbst erschien, entfernte den Umschlag, verordnete Abwaschungen des angebrachten Arzneistoffes mit lauem Wasser und ließ *Hauser* sodann nach Verwahrung der Nase den Zeigefinger der rechten Hand über das Arzneigläschen halten. Hierauf ergriff *Hauser* ein so gewaltiger Schmerz, daß er glaubte schreien zu müssen; in der wehen Stelle auf der Schulter, sagte er, habe er Stiche wie von Messern gefühlt. Erst sei ihm die Empfindung herabgefahren von der wehen Stelle bis zum Zeigefinger, von da zurück zur Schulter und dann hinab in den Fuß. Diesen sah man zittern, es entstand Wadenklamm, und die Zehen waren krampfhaft eingezogen. Mit einem Stoß, der oben und unten gefühlt wurde, war bald aller Schmerz verschwunden, worauf Frost eintrat. Nur beim Aufheben und anderer Bewegung schmerzte noch der Arm. Als ich ihn mittags sprach, war der Kopf noch eingenommen von der Arznei. Der Kopfschmerz war etwa eine halbe Stunde nach Berührung des Gläschens vergangen; auch die Angeschwollenheit des Armes und der Hand war dadurch gemildert. Die Kälte des Fingers, die auch diesesmal erfolgte, wurde vom Arzte und Herrn v. *Tucher* empfunden[*]. In den folgenden Tagen schmerzte ihn um die Zeit des Tages, da er die Arznei berührte, der Arm (vergl. oben die Note unter Nummer 12).

---

[*] *Späterhin schälte sich der Finger ab.* – Er sagte mir bei dieser Gelegenheit auch, daß ihm früher beim Riechen an homöopathischen Arzneien die Nase kalt geworden sei.

15. Silicea

Von einer Erkrankung genesen, über die ich nichts aufzeichnen konnte und welche vom Arzt durch Rührenlassen an ein verschlossenes Arzneigläschen beseitigt wurde, führte *Hauser* im Sommer 1831 keine Klage über sein Befinden, war jedoch immer noch von großer Reizbarkeit und Hinfälligkeit, litt an unterdrückter Geisteskraft und bekam seit langer Zeit mehrmals des Tages ein Gefühl von Schwere und Gespanntheit in den Händen mit hochaufschwellenden Adern, worauf ein Übelsein im Leibe folgte. Ich hatte damals Silicea bis über das hundertste Verdünnungsgläschen hinaus potenziert*), und begierig zu wissen, ob eine so weit verdünnte Arznei noch auf *Hauser* zu wirken vermöge, machte ich am 2. August 1831 mit Genehmigung des Arztes folgenden Versuch. Ich ließ ihn erst an ein mit bloßem Weingeist gefülltes Gläschen rühren. Er verspürte gar nichts davon. Hierauf stellte ich ein verschlossenes Gläschen, worin sich einige Tropfen jener über hundertsten Verdünnung der Silicea befanden, fern von ihm am offenen Fenster nieder und ließ ihn langsam mit ausgestrecktem Finger darauf zugehen. Er war damit noch ein wenig vom Gläschen entfernt, als ich den nur angenäherten, mit dem Gläschen nicht in Berührung gesetzten Finger zucken sah, worauf mir *Hauser* sagte, er habe den Arm herab und wieder zurück eine gewisse Bewegung, wie einen Stoß, gefühlt. Doch wurde der Finger nicht kalt wie sonst, auch zeigte sich *Hausers* Befinden völlig unverändert, was seinen Grund ohne Zweifel in der außerordentlichen Kleinheit der Arzneigabe hatte, welche die erste war, die ihn nicht unmittelbar in Unwohlsein versetzte. Erst nach einer Weile fühlte er Wärme sich durch den Körper verbreiten. Ich

---

*) Ich hatte ein paar der Verdünnungsgläschen gewisser Versuche wegen mit vielen Armschlägen geschüttelt. Dagegen waren in die Gläschen, durch welche ich die Arznei über die Decillionpotenz (X) hinaus verdünnte, jedesmal mehr als hundert Tropfen gekommen, somit ging die Verdünnung weit über XXX hinaus.

verließ ihn sodann. Einige Zeit (vielleicht eine Stunde) hierauf erschien, seinem nachherigen Bericht zufolge, durchfällige Öffnung. Den zweiten Tag viermal Nasenbluten, allemal darauf Schwindel, dann Gefühl von Leichtigkeit und Kraft. Das oben beschriebene Unwohlsein blieb einige Tage nach Empfang der Arznei gänzlich aus. Die von Tag zu Tag zunehmende Besserung seines Befindens ward hauptsächlich in geistiger Beziehung fühlbar. Er rühmte die weit größere Befähigung zu geistigen Arbeiten und Wiederkehr seines früher ausgezeichneten Erinnerungsvermögens. Seine Arbeiten wurden von Tag zu Tag besser, und er fühlte sich nicht mehr wie zuvor nach geistigen Arbeiten schwer und verdrossen. Auch stellte sich vom zweiten Tag nach Empfang der Arznei ein fortdauernder starker Fußschweiß ein*). Als ich *Hauser* einige Tage nach dem Versuche wiedersah, war sein Wesen auffallend verändert. Die vorher matten, geistlosen Augen leuchteten wieder, wie in früheren Zeiten, der Blick war lebendig, scharf und geisterfüllt, was nicht nur mir allein auffiel. In seiner Lebensordnung und seinen Verhältnissen ging damals durchaus keine Veränderung vor, die etwa einen vorteilhaften Einfluß auf *Hausers* Befinden hätte haben können. Man wird sich aus der im

*) Dieser ist zwar ein Krankheitssymptom und kann bei vollkommen geheilter Psora nicht stattfinden, allein er ist eine der wichtigsten und gewöhnlichsten palliativen Bestrebungen der Natur, dem unterdrückten Urausschlag der Psora, der das innere Leiden beschwichtigen und die Wirkung des durch die Natur nicht austilgbaren Miasma nach außen hin ableiten sollte, zu ersetzen. Indem nun die Natur in Folge der das Miasma schwächenden Arznei, die Überhand über dasselbe zu gewinnen begann, vermochte sie eine palliative Ableitung zu veranstalten, wodurch sie das große innere Siechtum oft so viele Jahre lang am Ausbruche zu hindern und das ausgebrochene zu mildern vermag. Jener Fußschweiß kann somit als eine Heilwirkung der Silicea angesehen werden, welche Arznei indessen ebensosehr auch solchen Fußschweiß zu heilen vermag, wenn sie nämlich zu einer Zeit und unter Umständen gegeben wird, wo das Afterleben des Miasma im Organismus bedeutend zu sinken beginnt und die Natur, während die Arznei den innern Feind vertilgt, nicht mehr nötig hat, solch Ableitung nach außen zu veranstalten.

ersten Heft gegebenen Beschreibung der Wirkungen, welche Silicea hatte, erinnern, daß sie damals gerade so auf *Hausers* Geist wirkte wie gegenwärtig und daß die Veränderung in Blick und Benehmen damals ebenso auffallend (obwohl nicht dauerhaft) war.

16. Tinct. Sulphuris

Nachdem die Besserung mehrere Wochen angehalten hatte, fand ich ihn, da ich ihn am 10. November wieder sah, sehr zum Nachteil verändert. Zwar, sagte er, sei es ihm im Kopf noch gut, aber seit einigen Tagen hätten sich schneidende Schmerzen in der Nabelgegend eingestellt. Sein Appetit war gering, nach wenigem Essen kam Ekel; die Zunge fühlte er schwer und pappig, das Augenweiß war gelb, der Blick hatte seine Lebhaftigkeit verloren. Der Stuhlgang war in der Ordnung geblieben. Ich hatte damals außer Silicea nur noch Schwefel so weit verdünnt, daß darauf zu rechnen war, die Anwendung werde ohne große und lange Erschütterung, die ich vermeiden wollte, vor sich gehen. Ich hatte nämlich Sulphur bis zum neunzigsten Verdünnungsgläschen (von welchen Gläschen über das dreißigste hinaus jedes mehr als hundert Tropfen enthielt) mit jedesmaligen zwei Schüttelschlägen potenziert. Das neunzigste Gläschen, das ich an *Hauser* versuchte, war also mehr als XXX; ich stellte zuerst ein Gläschen, das bloßen Weingeist enthielt, auf einen Tisch und ließ *Hauser* mit ausgestrecktem Zeigefinger der rechten Hand darauf zugehen. Er kam mit dem Finger bis an das Gläschen, ohne etwas zu verspüren. Hierauf stellte ich das 90. Verdünnungsgläschen des Schwefels auf den Tisch und ließ ihn darauf zugehen; der Finger war noch nicht ganz ans Gläschen hingekommen, als ich ihn zucken sah. *Hauser* hatte eine Empfindung bekommen, die sich aber nicht weiter als auf den (nicht kalt werdenden) Finger erstreckte. Das Befinden blieb übrigens völlig unverändert. Dies war gegen Abend in meinem Hause geschehen. Als er von da nach Hause kam, fühlte er sich verschlechtert, konnte nichts arbeiten, legte sich aufs Bett und fiel in einen langen Schlaf*). In der Nacht erfolgte Durchfall, (die Öffnung war seit Empfang der vorigen Arznei höchst regelmäßig, gut und gleichartig jeden Tag erschienen). Am nächsten Tag hatte er weichen Stuhlgang, am dritten keinen. Als ich ihn an diesem Tage wieder sah, fand ich ihn von schlechterem Aussehen, das Gesicht war gelb, die Zunge pappiger als früher, ein übler Geschmack im Munde; aber den schneidenden Schmerz, den er vor Empfang dieser Arznei mehrere Tage fortwährend gefühlt, hatte er nicht mehr. Ich durfte letzteres für Wirkung der Arznei halten, obgleich sich sein Zustand übrigens verschlimmert hatte, (vgl. die erste Note unter Nummer 4). Als ich ihn am fünften Tage sah, war die Gelbheit des Gesichts verschwunden, Appetit hatte sich noch nicht eingestellt, die Öffnung war seit den weichen Stuhlgängen, die auf den Empfang des Schwefels gefolgt waren, bis jetzt ausgeblieben. Nachdem er auf Zureden wider Willen einen gebratenen Apfel gegessen, erbrach er sich. Am sechsten Tag war die Üblichkeit und Appetitlosigkeit verschwunden. Stuhlgang fehlte vormittags noch; endlich entweder noch an diesem oder am folgenden Tage kam Öffnung, aber mit so schmerzlicher Anstrengung, daß er glaubte, schreien zu müssen. Einige Tage nachher fand ich ihn in gutem Wohlsein und von gesunderem Aussehen. Am 25. November fand ich dieselbe geistige Veränderung in seinem Blick und Benehmen, die ich früher zweimal (jedoch nur) nach Silicea an ihm beobachtet hatte. Das Aussehen war überhaupt sehr gut. Bald darauf verließ er Nürnberg; doch erhielt ich aus Ansbach die erfreulichsten Nachrichten über sein Befinden.

---

*) Ich kenne jemand, der immer nach Empfang einer homöopathischen Arznei in Schlaf verfällt.

Es sei mir erlaubt, zum Beschlusse dieser Darstellung homöopathischer Heilversuche, einige Stellen eines Gedichts aus dem 17. Jahrhundert mitzuteilen, wo von Ausübung homöopathischer Grundsätze die Rede ist. Es ist ein Gedicht *Paul Flemings* an den Arzt Hartmann Grahmann, der, nach dem Gedicht zu urteilen, ein entschiedener Homöopathiker gewesen sein muß, so wie Fleming, der selbst Arzt war, sich hier als solchen ausspricht – was meines Wissens noch nirgends angeführt worden ist.

«Ein kluger Arzt der nimmt
Da seine Hilfe her, von was der Schade kömmt.
Löst Salzsucht auf durch Salz, löscht Feuer aus mit Flammen;
Doch mancher nicht begreift. Ihr zieht die Kunst zusammen,
Macht wenig aus so viel!
Ihr wirket viel durch wenig.
Von euch tut ein Gran mehr, als jenes langer Trank
An dem ein Fleischer wohl sich möchte heben krank.
Wir sind nun überhoben
Der alten Fantasei. Wer will den Arzt doch loben,
Der einen Zettel schreibt fast einer Ellen lang,
Um daß er nur verdient des Apothekers Dank,
Der doch setzt dies vor das? – Soll man die armen Schwachen
Durch einen schweren Trunk noch doppelt schwächer machen,
Der oft, vom Schmacke nicht geredt, so übel reucht,
Daß sich der Arzt wohl selbst für seiner Luft entzeucht,
Und hält die Nase zu? Doch wer will jene Blöden,
Die Klugen auf den Schein, was Besser's überreden?
Sie bleiben, wie sie sein. Ihr Kinder der Natur
Geht einen weisern Weg.»

KASPAR HAUSER

in Publikationen anthroposophischer Verlage

Peter Tradowsky

Kaspar Hauser

oder das Ringen um den Geist
Ein Beitrag zum Verständnis des 19. und 20. Jahrhunderts

1. Auflage 1980 – 3. Auflage 1983

Philisophisch-Anthroposophisher Verlag am Goetheanum,
Dornach/Schweiz

*Dazu bringt der Rudolf Geering Verlag, herausgegeben und einge-
leitet von Peter Tradowsky, die drei bedeutendsten authentischen
Berichte – ungekürzt, so wie sie zu Lebzeiten Kaspar Hausers
beziehungsweise kurz nach seinem Tod erschienen sind:*

Georg Friedrich Daumer

Kaspar Hauser

Nachdruck der Originalausgabe von 1832

Heinrich Fuhrmann

Kaspar Hauser

Beobachtet und dargestellt in der letzten Zeit seines Lebens –
Confirmationsfeier – Trauerrede

Nachdruck der Originalausgaben von 1833 bzw. 1834

Anselm von Feuerbach

Kaspar Hauser

Beispiel eines Verbrechens am Seelenleben des Menschen

Nachdruck der Originalausgabe von 1832

Im Anhang: Feuerbachs «Mémoire» und «Einige wichtige Aktenstücke den unglücklichen Findling betreffend» (1831)

Peter Tradowsky/Johannes Mayer

Kaspar Hauser

Das Kind von Europa

In Wort und Bild dargestellt von Peter Tradowsky und Johannes Mayer

Neuerscheinung 1983/84

Verlag Urachhaus Stuttgart

Karl Heyer

Kaspar Hauser

und das Schicksal Mitteleuropas im 19. Jahrhundert

3. durchgesehene und verbesserte Auflage 1983

Verlag Freies Geistesleben Stuttgart